很冷很冷的冷门知识

尹霞◎著

一般人不敢想，普通人不会问！

华文出版社
SINO-CULTURE PRESS

图书在版编目（CIP）数据

很冷很冷的冷门知识/尹霞著.－－北京：华文出版社，2018.1（2019.8重印）
ISBN 978-7-5075-4825-9

Ⅰ.①很… Ⅱ.①尹… Ⅲ.①科学知识—普及读物 Ⅳ.①Z228

中国版本图书馆CIP数据核字(2017)第315172号

很冷很冷的冷门知识

著　　者：	尹　霞
责任编辑：	刘新颢　胡慧华
出版发行：	华文出版社
社　　址：	北京市西城区广外大街305号8区2号楼
邮政编码：	100055
网　　址：	http://www.hwcbs.com.cn
电　　话：	总 编 室 010-58336239　　发 行 部 010-58336267
	责任编辑 010-58336197
经　　销：	新华书店
印　　刷：	北京彩虹伟业印刷有限公司
开　　本：	710×960　1/16
印　　张：	14
字　　数：	167千字
版　　次：	2018年3月第1版
印　　次：	2019年8月第3次印刷
书　　号：	ISBN 978-7-5075-4825-9
定　　价：	35.00元

版权所有　侵权必究

回归童年　找寻童心

　　每一个人小时候，都是行走着的"十万个为什么"。世界在稚嫩的儿童眼中是神奇的、超乎想象的，我们接触到的每样东西上，都被画上了属于自己的问号。

　　那时候，我们热衷于提问。"花为什么这么香""鸟为什么会飞""天空为什么不是红色的"……没有人认为"不知道"是一件丢人的事，相反，我们十分享受提问的感受和获得答案时的愉悦。所以，孩子们总是成长得很快。

　　是什么时候，我们停止了对世界天马行空的想象、停止了那些奇特而有趣的疑问？是我们变成大人的时候。我们好像失去了对生活的热情，明明会对很多有趣的事感兴趣，明明身边有那么多不知道答案的事情，却再也没人提"为什么"了。

　　可能是因为作为成人的我们，矜持地认为提问是无知的表现；可能在生活的过程中，我们发现"不懂"是一种常态。你不可能将生活中的一切都弄清楚，难道会做饭的人，就一定要懂得抽油烟机的工作原理吗？所以，我们将好奇埋在了心底。

正是因为如此，才会有人说——世界上最有创造力、有求知欲的，恰恰是孩子。而成为一个艺术家，就要有一颗童心。也许我们并不能成为一个艺术家，但是在忙碌之余，回归一下"童年"，去探寻生活中曾经想问却忽略了的有趣问题，同样可以让生活丰富多彩。出于这个目的，这本书就诞生了。在这里，你的很多疑问都可以得到解答，最重要的是，你会获得曾经丢失的财富——好奇心。

可能你不是一名科学家，但你一定很想知道科学家的世界都是什么样的吧？其实，这群高智商的大咖们关心的事情也跟生活息息相关，他们常常就一个古怪的问题开展研究，最后得出令人惊讶的神奇结论。

也许你不怎么了解历史，没关系，历史的本来面目可不像你想象的那样枯燥，它不是写在教科书上的冰冷文字，而是实实在在存在的有趣生活。古人们的生活多姿多彩，很多事物都会让你目瞪口呆、大声感叹"难以想象"！

至于生活中各种让人毛骨悚然的问题，恐怕你平时想都不敢细想吧？作为一个坚定的唯物主义者，怎么可以惧怕这些小麻烦呢？其实，它们的答案并没有那么恐怖，反而是科学的巧合。

……

总之我相信，你在生活中一定想不到这么多脑洞大开的问题，即便你曾经有一瞬间好奇过，但也没有胆量追问下去，不然说不定就要被当成脑回路不一般的外星人来看待了。没关系，你不曾想到、不敢问的问题，我们来帮你问；你曾经丢失的好奇心，我们来给你找回。

这就是，这本书存在的意义。

Question 1
高智商怪咖都关心什么奇葩问题?

把人冻起来可以长生不老吗? / 002

电吹风比X光辐射还要大? / 005

如果不穿"衣服",我们在太空能活多久? / 008

未来,人类到底能不能去其他星球过日子? / 011

当人类被缩小到蚂蚁大小…… / 014

一滴水的极限杀伤力有多大? 千万别跟物理学家较真 / 017

用手枪的神枪手都是电影演员 / 020

电脑里的A、B盘去哪儿了? / 022

拆定时炸弹为何要剪红蓝电线? / 025

硬币从高处坠落能砸死人吗? / 027

Question 2
历史"遗留"问题研究中心

没有杜蕾斯，古人是怎么避孕的？ / 032

古代军队为什么把人头称为"首级"？ / 034

为什么诸葛亮总拿着一把羽毛扇？ / 037

为什么把太监叫作"公公"？ / 039

古代处决犯人为什么安排在秋季？ / 041

古人大便后用什么擦屁股？ / 044

"出门饺子进门面"源于什么脑洞？ / 046

为什么是"上厕所"与"下厨房"？ / 048

古人上班打卡吗？作息时间是怎么定的？ / 051

Question 3
那些令人肾上腺素飙升的问题

关于"偷肾"的流言是真的吗？ / 056

葬礼上为什么要戴黑纱？ / 059

为什么我们会害怕蛇和蜘蛛？ / 061

为什么我们会有密集恐惧症？ / 064

如果背后有人看着你，你能感觉到吗？ / 066

子弹射入人体后会发生什么？ / 069

看恐怖片真的可以减肥吗？ / 072

睡觉时动不了，难道真的是"鬼压床"？ / 074

新鲜牛肉为什么会跳起来？ / 077

为什么被雷劈死的大部分都是男人？ / 079

目录

Question 4
非正常人类最关注问题集锦

飞机上的排泄物都去哪了？ / 084

打哈欠真的能够传染 / 087

怎样证明你不是一个神经病？ / 090

鸡走路为什么总是颠脖子？ / 093

拔牙也会拔掉记忆吗？ / 096

你可以睁着眼打喷嚏吗？ / 099

脑袋大的人朋友多是真的吗？ / 102

为什么说狗改不了吃屎？ / 104

不小心被狗追了怎么办？ / 106

Question 5
文艺青年的脑子里都在想什么

分手高发日竟然是情人节 / 112

放假接到公司电话会得病 / 114

为什么喜欢的人要"么么哒"？ / 117

脏话是如何产生的？ / 120

为什么会有"夫妻相"的说法？ / 122

伤心的时候为什么会流眼泪？ / 125

一害羞就脸红的原因是什么？ / 127

日本女生的校服为什么是水手服？ / 129

科学研究：分手后男性和女性的区别 / 132

在夜店，什么样的姑娘更容易被搭讪？ / 134

Question 6
如何证明你是一个文化人？

水也会衰老 / 140

故宫门上的门钉有什么含义？ / 142

"压轴"指的是最后一个出场吗？ / 144

手语并不是全世界通行 / 146

为什么苏格兰人爱穿裙子？ / 148

啤酒瓶盖为什么是21个齿？ / 150

为什么美国人把足球叫Soccer？ / 152

飞行中的足球为什么会拐弯？ / 155

飞机遇险时为何不能跳伞逃生？ / 158

Question 7
不是你不明白，是这世界变化快

为什么冰球运动总爱打架？ / 162

为什么黑人游泳运动员比较少？ / 165

国产电视剧胸口中弹为何总是七窍流血？ / 168

为什么胖子更容易在车祸中死亡？ / 170

听说日本人的姓氏很奇怪？ / 172

外国人真的不会嗑瓜子吗？ / 175

奇葩的国家，大街上竟然没有红绿灯？ / 178
听说法国人认为埃菲尔铁塔"丑爆了"？ / 180
《江南style》风靡世界的科学解释 / 183

Question 8
那些困扰人们生活的古怪问题

"第二屏效应"让你患上抑郁症 / 188
洗冷水澡能让我们冷静吗？ / 190
对号为什么写成"√"？ / 193
土豪帖：牙膏挤得越多越好吗？ / 196
"太阳的味道"还是"螨虫大烧烤"？ / 198
为什么化妆品专柜总是在一楼？ / 200
为什么衬衫上的扣子是"女左男右"？ / 203
石狮子嘴里的球是怎么"变"进去的？ / 206
正在吸血的蚊子，只能留它一命？ / 208
睡得越多，就死得越快吗？ / 211

Question 1

高智商怪咖都关心什么奇葩问题?

把人冻起来可以长生不老吗？

长生不老？

长生不老！

真的可以长生不老吗？

一定挺贵的吧，必须开始攒钱了！

从古至今，人类对于"长生不老"的渴望就从未消失过。早在两千多年以前，秦始皇就凭借自己堪比科学家的探究欲，开始对"长生不老"这一课题进行研究，他还派遣了方士徐福前往海外寻找仙山，可谓理论实践两不误。遗憾的是，这些探寻注定是失败的。那么，"长生不老"这样"逆天"的脑洞问题到底能不能实现呢？

别闹了！

怎么可能？

即使有长生不老仙丹，我也买不起！

攒钱买仙丹，不如门口多撸串！

不管你有钱还是没钱，买得起还是买不起，反正现在还真有一群人"异想天开"，在试图延长人类的寿命。

Question 1　高智商怪咖都关心什么奇葩问题?

科学理论告诉我们,当生物体温可以保持在绝对零度,也就是-273℃的时候,一切生命活动都会静止。也就是说,相当于它们的时间被"冻住"了。不管过去多久,只要再从绝对零度中恢复,生物就可以接着活蹦乱跳地生存。这不就是变相的"长生不老"吗?科幻小说、电影中这样的"一觉千年"场景我们已经见多了,醒过来之后先蒙圈一阵子:

"这是哪儿?"

万人齐喊:"北京!"

"今年是哪一年?"

王家卫说:"2046。"

"美国总统是谁?"

朝阳大妈:"关你啥事,知道谁是街道主任就行了!"

这么犀利的回答,估计这哥们"解冻"之后一时半会儿也明白不了,以为自己脑子冻傻了。

跳出电影虚幻的场景,单说这样的想法绝非屌丝青年脑洞大开之举。这个理论是可行的,不过您千万别急着往冰箱里钻,温度真不够低。

绝对零度这样的低温环境,如今的科技可是创造不出的。但是,人们由此发现,温度对人体的寿命有着极大的影响,人体的衰老正是因为热量在不断地散失。只要把我们的体温降低2℃,这看似微不足道的2℃,就可以让人类多活120年!基于这个"脑洞"理论,"人体冷冻"的科学课题开始走入人们的视线。

最开始，这个想法是由一个向来喜欢研究稀奇古怪事物的日本科学家提出的。他在研究风湿性关节炎时，突然开了个小差，转而探究起了低温对病人有什么好处。之后，日本医生们很快研究出了"冷桑拿"，发现它简直是一剂神奇的灵丹妙药，不仅能治疗皮肤病、哮喘、增强免疫力，甚至还能减肥。他们发现，经过"冷桑拿"的治疗，人们的身体在一定程度上延缓了衰老，于是大家开始思考，低温和长生不老这两个天差地别的词汇之间神奇的联系。

一位俄罗斯科学家就说，冷气桑拿并不是唯一一个能让人类远离死亡的方法，实际上很多科学家都围绕着人体冷冻在做研究，他们想将人体直接冰冻在-196℃以下，也就是极低温环境中，再让他们在未来苏醒。如果能成功，对于患有绝症的人而言，这大概是最有用的治疗方法。因为将自己冷冻到未来，就算是"绝症"说不定也能找到治疗方法。科幻小说中的场景，也许在未来就能变成现实。

不过，想要让人体冷冻却不受伤，这可是个令人为难的问题。大家都知道，低温会破坏人体的细胞，所以时间一久就会出现细胞坏死的情况，这个问题该如何解决呢？其实，想要解决它，只要有一个法宝就可以，那就是"液氮"。液氮温度极低，-196℃就已经让它忍不住沸腾起来了，可见要保持液态，它的温度只能更低。只要人体可以利用液氮迅速降温，就不会出现细胞被破坏的情况，而是以相当惊人的速度被彻彻底底地"冻住"。曾经，人们就将一条从液氮中冻住的金鱼放在常温环境下，而它在"解冻"后很快就又活蹦乱跳起来，用顽强的生命力狠狠诠释了一把"鱼的逆袭"。

于是，有了脑洞，有了理论，又有了液氮这样进行实验的"大杀器"，甚至还有了一个成功案例——某条堪称"英雄"的金鱼，似乎人体冷冻的理论变得越来越可行了。于是，一向胆大又爱尝试的美国人先闯进了这个新鲜的市场，从中找到了发掘第一桶金的大门。1972年，人体冷冻中心"ALCOR"便在美国成立了。这个中心和一般的医疗中心不一样，它的"病人"全都是"躺着进来"的尸体，而中心则致力于让他们在未来能"热着出去"，而不是化成大自然的一部分。在这些客户死后，中心会立刻将他们进行冷冻，先从心脏和肺部开始，进行"体内降温"，然后再直接将他们装入充满液氮的不锈钢罐中。想要完全冷冻到-196℃，需要整整5天的时间，而每隔15天，里面的液氮都需要进行更换，可谓十分麻烦。想在这里拥有一间"死后病房"的人可不少，虽然每一个都需要缴纳3万到15万美元的高昂"住宿费"，然而大家的热情似乎一点都没有减少。他们相信，也许未来的科技还能让自己"复活"，所以最重要的事情就是保存好自己的身体。

不过可惜的是，似乎还没有哪个勇士愿意尝试在死前便冷冻起来，去观摩一下未来世界，或者说，有这样勇气的人不少，但是法律却遗憾地阻止了他们的脚步。毕竟，人体冷冻虽然看起来很有前景，却是一件拿生命在"实验"的危险事情，而迄今为止也没有非常可靠的成功案例。但是，人们并未因此失去对它的期望。毕竟，这可是能够让人类"长生不老"的神奇技术呀！

电吹风比X光辐射还要大？

你知道身边辐射量最大的电器是什么吗？

手……手机？

别急着扔手机啊，其实是电吹风！

晚了，我已经扔了……

听说，电吹风的辐射就跟照X光一样大，还是专门对着脑袋吹呢！

那，我们不会变成傻子吧？

喜欢用电吹风的你，是不是也有了这样的担忧呢？在网络上，关于电吹风与辐射不得不说的二三事，可谓传得沸沸扬扬，同时搜索"电吹风"与"X光"两个风马牛不相及的关键词，出来的结果绝对能让你说一句"吓死宝宝了"。像是"电吹风辐射大，用三次就等于照X光片一次""长期近距离辐射，对头部有巨大危害"，这样的说法实在让人担忧，难不成网络上雨后春笋般出现的"脑残"，还真是科技的产物——电吹风制造出来的？

事实上，电吹风实在是背了一个大大的黑锅，它跟X光的"血缘"十分浅薄，更别提巨大的辐射危害了，这纯粹是一场赤裸裸的陷害啊！

首先，咱们来看看电吹风和X光的辐射，到底是不是同一种。如果连辐射种类都不一样，让电吹风为X光背黑锅，就实在有些冤枉了。

电吹风是家用电器里最普通的一员，从贵重程度到个头体积，全都不引人注目，实在是个"小可怜"。同样，它产生的辐射也是家用电器最普通的辐射，那就是工频电磁场辐射。这种辐射来源于感生磁场，每当电流通过电器中的元件、电线，就在附近产生了一个感生磁场，造成了一定的辐射。这个"狐假虎威"的辐射场全依赖于电流大小，电流越大，感生磁场的辐射就越强。这么看，电吹风虽然个头小，用电量却不少，的确会产生比较大的辐射。

而X光的辐射则不同，属于电离辐射。顾名思义，这种辐射来源于物质电离，一般表现为能量高的射线，比如X射线、γ射线等。它们在医院中的名声非常响亮，比如X光，就是依赖X射线工作的，而现在常常听到的"伽马刀"，则是γ射线的功劳。这些射线威力很大，一旦打在我们身上，人类脆弱的小身板简直是不堪一击，所以长期接触之下，就会带来一些难以控制的危害，比如发生病变等。正是因为如此，"辐射"才在人们心中恶名昭彰，甚至提之色变。

> 看来，电吹风和X光原来不是一家啊！
> 这个倒霉催的家伙，真是背了一个大黑锅。
> 可不，这不是欺负人家不会说话嘛！

当然，被欺负的电吹风也不一定完全无辜，虽然辐射种类不一样，谁知道它的辐射会不会对我们的身体造成危害呢？所以，还是得通过检测和实验，真正让咱们安心才行。不过，根据工频电磁场中电流越大、辐射越大的原理，如果电吹风能检测出问题，那岂不是代表电冰箱、空调……这些用电量跟电吹风不相上下甚至远超它的电器，也都是一个个的辐射源吗？这么一想，真是细思恐极啊！

为了不让人类重回蒸汽时代，为了洗去电器家族身上的污名，电吹风，你可不能输！

实验人员通过专门测量工频电磁场的仪器，对电吹风的辐射进行了详细检测。先是将其紧贴着打开的电吹风测量，伴随着电吹风的挡位变高，辐射量也变大了。这个结果非常明显，电吹风是在告诉我们，挡位越高，辐射越大！

然后，再将检测仪器逐渐拉远。伴随着距离的增大，上面的数字就像跳水一样迅速地下降，还没超过20厘米，就已经降到了原本的十分之一。看来，只要距离稍稍远一点，造成的危害就会呈指数型下降。

最重要的是，哪怕是最高的档位、最近的距离，让你开着最大的热风贴着头皮吹，造成的辐射量也非常小，连国家要求的电器标准的20%都没达到，实在是安全极了。当然，你可千万别因为安全，就真的贴着头皮来上这么一次，辐射倒是不必担忧了，可是，你那娇嫩的头皮和柔弱的一头秀发还能忍受得了这样的摧残吗？

这么看，与其担心电吹风在辐射上的杀伤力，倒不如多考虑考虑，怎么样用电吹风才不会被热风伤害到头发和头皮，这才是最实在的问题呢。

如果不穿"衣服"，我们在太空能活多久？

如果人类不穿衣服，能在太空中生存多久呢？

1秒？10秒？

不对，你为什么想去太空里裸奔啊？

咳咳，去太空裸奔这个想法，如果有人能做到，说不定真能名留史册、威名响彻全人类呢！不过，在考虑裸奔之前，还是先想一想如何穿着衣服在太空中活着吧！

要是穿着宇航服，在太空中生存、自如活动肯定没有问题，那些进行过太空行走的宇航英雄们早就给我们证明了这一点。可是，如果不穿

Question 1　高智商怪咖都关心什么奇葩问题?

宇航服，也能这么轻松惬意地在太空中穿梭吗？从太空中传来的影像中可以看到，穿着厚厚的宇航服、打扮得好像大熊猫似的宇航员们，动作也好像被限制了一样，在原本就很难行动的太空环境里艰难而缓慢地动作着，让人急得恨不得以身代之。此时，就有很多人发自内心地提出一个疑问：要是脱了那一身"大熊猫皮"，是不是更加轻松呢？

事实上，要是真的脱了宇航服在太空中"裸奔"，后果可比在地球上裸奔来得严重得多。宇航服虽然看起来笨重，内里却自成一个世界，让宇航员可以安全地生活在里面。如果人类直接暴露在太空中，就好像深海中的鱼突然被打捞上岸一样，会因为不适应环境而出现各种惨状——如果你见识过深海鱼开膛破肚的倒霉样子，就一定会不由自主地打个冷颤。太空中没有我们适应的大气压，没有赖以生存的空气，只有强烈的紫外线辐射，直接暴露其中，很快就会因为缺氧而感到窒息，也会因为极端的低温导致体液沸腾。

都说女人是水做的，难道男人就不是吗？人类的体内有70％都是水，这些遍布全身的液体如果沸腾起来……想想，真是再也不敢说"激动得要沸腾了"这样的话了。

所以，如果不穿宇航服，脆弱的人类就会直接感受到自己的渺小，亲身感受到"作死"两个字是怎么写的。

> 不过，在这样严酷的环境下，人们能够保持知觉达到15秒左右，哪怕是因为缺氧休克过去了，也依旧能再坚持活上几分钟，这已经很超乎意料了。

不对吧，怎么只有15秒呢？这家伙一定不会憋气！

这怎么说？

缺氧怕什么，进入太空前先来个深呼吸，保管能把命延续好几倍长！

那要是学会了"龟息大法"，岂不能变成横行太空的小霸王？

要是谁敢这么试一试，那恐怕是——嫌命太长了。别以为在太空中也可以拿在地球上的一套瞎对付，真空环境可不是好惹的。如果提前屏住呼吸，肺里面积蓄的气体在真空环境里就会膨胀，我们的身体倒是足够强壮，不会让肺变成气球然后来一场爆炸，可是气体却能迅速进入血液、组织中，形成无数的气泡堵塞血管，这就是俗称的"空气栓塞"。想来一场全身版的栓塞吗？那你就快点憋气吧！

在太空中失去知觉后，我们还得给死神留一点在路上堵车的时间，所以依旧还有几分钟的宝贵生命。在这之前，缺氧是人类面临的最大杀手，人体失去知觉后，它就功成身退、进入辅助岗位了，反而是体液沸腾成为了主力选手。在身体里那些看得见、看不见的地方，比如口腔、眼睛、有大量液体的组织乃至充满液体的细胞，都在进行着"狂欢"，因为沸腾而出现大量气泡。

如果说中毒了会导致七窍流血，体液沸腾恐怕就会导致"七窍流泡"了。想一想，也让人忍不住打消在太空中裸奔一回、名留青史的念头了。

事实上，不仅蔬菜水果一上太空就不再是原本的它们了，毫无生命的衣服上了太空也一样会改变本质。如果说我们在地球上穿衣是为了保暖，在太空中穿着宇航服，保暖却成为了保证"活着"之余，一个不太重要的因素。还别说，跟缺氧窒息、体液沸腾、紫外线伤害比起来，太空中的低温真不算什么。如果不考虑其他因素,只有低温的话,哪怕真来一次裸奔,区区15秒也伤害不了我们。

所以,可千万不能用看待"衣服"的眼光去挑剔宇航服,它还真是在太空中保命的最大法宝。

未来,人类到底能不能去其他星球过日子?

你说,人类能搬去其他星球吗?

当然可以啦!

你怎么这么确定?

你忘了那个……后羿和嫦娥了?他俩不是早搬走了嘛!

……

如果说人类历史上真有这样成功的两位月球移民,现在的科学家们也就不用这么绞尽脑汁、辛苦地琢磨怎么给人类"搬家"了。不过,从嫦娥奔月的这个故事,我们就能看出一点,从古至今,人类对搬去其他星球生活一直非常感兴趣。

这当然不是对我们地球母亲的不满了,哪怕因为人类的不断"作死",她的确从风采迷人变成了半老徐娘,魅力打了个折扣,但是儿不嫌母丑嘛!人类之所以总想着搬家,就是俗话说的"吃着碗里的看着锅里的",不对,是拥有着无穷的好奇心和探索欲望,所以才对研究"去其他星球生活"这个问题孜孜不倦。那,你相信未来人类能去外星球生活吗?

无数的科幻小说告诉我们——能。绝大多数科学家们也秉承着一句著名广告词的态度，那就是"一切皆有可能"，对去外星生活抱着十分积极、肯定的态度。不过，你如果要他们给个准话，非要说出什么时候、在什么条件下、有多少人能去外星生活，恐怕没有一个人能断言。究其原因，还是因为这个计划实在是太艰难了，如今的技术还是无法跟上我们的脑洞。但是，就像几百年前人们还不能想到自己能在天空中飞一样，谁又能说将来我们不能登上外星球生活？所以，对这个问题，我相信大家都愿意持着肯定态度，说一声"可以"。

但是，现实不得不给摩拳擦掌、准备收拾行李去调戏外星人的我们泼一盆冷水了。按照现在的研究进展和面临的技术问题，咱们想去外星生活，除非突然有一个宜居星球挪到地球旁边，变得比月球还要近。否则，还是将这个"愿望"变成"遗愿"，交给自己的曾曾……孙子吧。

不信，就来看看人类现在盯上的地球替代者——火星的情况。这颗红色星球可谓距离地球最近、条件最好、最可能适宜人类生活的星球了。对想移民的人类来说，无疑是瞌睡来了枕头。当然，它条件这么好，自然是很傲娇的，对地球上的追求者们十分不屑一顾，别说居住了，连登陆者都没有一个。

不过，根据美国和欧洲在2004年提出的设想，在2030年左右，就会向火星派遣航天员。现在，我们能做的恐怕就是祈祷全球经济稳定发展，最好时不时来个突飞猛进，让这个计划有足够的资金支持可以实现了。

当然，除了资金的支持，想要搞移民还需要技术支持，这一点放在地球内还是地球外都一样。登陆火星，需要克服的技术难题真不少。

首先，距离就是一个问题。别看它跟地球同处太阳系，彼此都是兄弟，排名还很相近，跟天王星、海王星比起来简直近得不行，这距离却还是令人望而生叹。登陆月球已经让人们耗费了巨大的精力与财富，如今全世界也没有几个国家登上过，月球已经算是够远了吧？可火星与地球的距离是地月距离的150倍呢。美国登月花费了1个星期，登陆火星的考验则严重得多，光是路上就至少需要6-8个月，这是什么概念？

待在狭小的空间中1个星期，宇航员都会因为孤独而产生大量的心理问题，更何况是几个月。这些长期训练的专业人士尚且很难承受，更何况普通人，要想移民，恐怕还得有足够的心理素质。

> 看来，能移民的人只有一种……
>
> 什么人？
>
> 卧底啊！还得是电视剧里那种，身经百战、游刃有余，这样的心理素质肯定足够了。至于咱们啊，还是洗洗睡吧！

除此之外，健康也是极大的问题。生活在地球上的人类对太空中的失重环境是很难适应的，长期下来，肌肉萎缩就是一个问题。而且，体内的血液也会变得"自由奔放"，不再乖乖向下流，反而一个劲涌入脑袋。这下大脑思维说不定倒是灵活了，心血管疾病也同样会找上门来，万一还没到火星，就突然出现脑血栓，这可怎么好呢？

最后，一个最实际、最不可避免的问题也出现了，那就是生活用品。就算再精英的宇航员，心理过硬、身体倍儿棒，也架不住他饿了要吃饭。这超过半年的生活用品、氧气、燃料，都得准备得十分充足，才能保证宇航员在不被饿死之前登陆火星。而带着这么多东西，这火箭还能飞起来吗？

嗯，光看看这些问题，就能够体会到一点科学家们的焦虑心情了。为此，各种脑洞大开的设想不断被提出、否定、修改，在一次次的完善中，人们登陆火星的蓝图也在渐渐走向现实。如今，狂热的科学研究者已经将"魔爪"伸向了登陆火星后的规划。可见在他们眼中，登上火星并不是一个不可能的问题，缺的只是时间。

如此看来，人类在未来去其他星球生活，也肯定不是一件天方夜谭的事情。

当人类被缩小到蚂蚁大小……

你看过《蚁人》吗？那是一个以蚂蚁般迷你体型闻名的超级英雄。

如果人类都能被缩小到蚂蚁这么大，会发生什么呢？

大家都变成超级英雄？

不，我想……肯定是房价会降……

如果大家都变身成为"蚁人"，房价下降似乎比变成超级英雄更能拯救我们的生活。不过，这个想法真能实现吗？在拥有着绿巨人、钢铁侠这样超乎想象的英雄世界里，变成蚂蚁大小都是人们拼命钻研的尖端科技，更何况是在真实社会中了。这不，科学家就已经给做着白日梦的大家当头一棒——

人类永远不可能缩小到蚂蚁大小。

Question 1　高智商怪咖都关心什么奇葩问题?

本来还想凭着变身来降低房价……

兄弟,还是洗洗睡吧!

有时间想着怎么变身,不如平时多加班啊!

为什么科学家们这么斩钉截铁呢?要知道,"缩小人类"和"寻找外星人"这两件事看起来似乎同样虚无缥缈,可是科学家们对后者却是相当热情,时刻坚持着一切皆有可能的信心,为什么又给前者下了"死亡通知书"呢?

因为,现阶段的科学技术已经足够证明,"蚁人"只能存在于想象中。美国贡扎加大学一位助理教授表示,人类想要进行这样一场逆天的变身,只能从两个方面下手:要么将物质的最小组成单位——原子缩小,要么就减少原子的数量。

你可能会说,这不是废话吗,怎么可能这么简单?其实,科学还真就是一个朴实的家伙。从这两个问题入手,首先,将原子缩小这件事就不可能。原子是由原子核与电子构成的,虽然不论是原子核还是电子,个头都比原子小了成千上万倍,但并不代表咱们就可以将它们挤一挤压缩在一起,这个过程中产生的斥力是巨大的。如果随便就可以改变原子的大小,那我们恐怕就要变成身体各部位都能随意伸缩的橡皮人了。

而且,即便原子的大小可以变化,密度也会疯狂增长。要是真把人类变成蚂蚁大小,体重不仅不会减小,还会增大。增大到什么程度呢?这只特殊的"蚂蚁"会凭借巨大的密度,直接砸穿土地,说不定过不了多久就能从地球的另一端出现、飞向宇宙了。所以,就算真有"蚁人"出现,咱们也是见不到的,毕竟他已经化成天边的流星了。

再看另一种方式——减少原子数量。分离并减少原子的数量,其实并不是一件难事，但是，减少了过多原子的你，还是原来的你吗？我们的器官、细胞乃至细胞内的组成部分，都需要大量的原子，减少一两个没什么问题，这就像从土豪的保险柜里拿走一张百元大钞，除非他每天数一遍，否则谁会发现？可是，你要是把人家的保险柜都拿空了，只留下零星几个硬币，土豪不气得翻白眼才怪呢！我们身体需要的原子数是有底线的，留得太少了，就是巧妇也难为无米之炊啊！这样缩小出来的，也不再是真正的人类了。

所以，看起来让我们稍稍从高大威猛变得娇小可爱一些，还是有希望的，可要是一下子变成蚂蚁似的小人，不仅小心脏有些承受不了，科学也会直接向你说"NO"。

不过，咱们还是可以畅想一下这样的场景，毕竟想象也不用花钱，对吧？变成蚂蚁似的小人，看起来似乎确实很有意思，可是生活上却会带来不少困难。一只蚂蚁就能把我们揍得找不到北，更别说其他野生动物了，简直是农奴翻身做主人；别说爬上床睡觉，就连在儿童玩具里面穿梭，也会变成跋山涉水的大问题……

你可能会说，还是有一点安慰的，至少我们吃得更少了，再也不用担心粮食问题了。嗯，似乎这是个解决粮食问题的好办法，可是事实上……我们的器官缩小了，就会带来一系列的负面影响，其中"比例"带来的麻烦就不计其数。

举个例子，大家都知道，长度缩小一半，表面积就会缩小到四分之一，而体积则变为八分之一，这个比例可是不一样的。所以，我们的皮肤面积缩小的倍数就远远比不上器官体积缩小的倍数，前者会散热，后者则负责产热，散热量远远大于产热量，这个后果，相信我不说你也明白。

没错,要想不因为缺少热量而死掉,就得拼命摄入食物才行,这也是为什么个头小的动物总是在觅食的原因之一。恐怕到那个时候,我们才真正体会到天天为粮食发愁、一秒也不停嘴的生活是什么样的,要是没有饲主投喂,想过上仓鼠一样幸福的生活都是在做梦。

看来,变成超级英雄实在不是一件容易的事情,要不怎么只有他们能拯救世界呢?各位看官还是捧着爆米花,乖乖在电影院体验一把"蚁人"的感受吧,又或者,在梦里来一次变身?

一滴水的极限杀伤力有多大?千万别跟物理学家较真

一滴水从极限高的地方掉下,有怎样的杀伤力?

杀伤力?难道还能死人不成?

怎么不行,这都算小看它了。

别骗我,我可是淋过雨的……

相信每一个淋过雨的人,都对这个问题嗤之以鼻,一滴水能有什么杀伤力?就算从那么高的天上掉下来,不还是轻如鸿毛吗?要论起来,还不如浴室里的淋浴喷头给力呢!不过,那是在你们凡人世界里的水,同样的一滴水,放在科学家的世界里,绝对能变成比原子弹更加恐怖的超级武器,分分钟毁灭地球。

为什么会产生这样大的差距?归根结底,还是因为水滴掉落的"环境"不同,所以产生的杀伤力也不一样。俗话说"一方水土养一方人",只要修改几个不起眼的小数据,变化一下环境,一滴水也能让你刮目相看。

举个例子,同样是天空中掉落的一滴水,都在掉落的时候受到了一定的阻力——显然这影响了杀伤力,但是固态和液态造成的后果就截然不同。如果是液态的一滴水,掉落在地时个头就不会太大,因为空中的阻力会把它撞得"四分五裂",最终分成几个几毫米直径的小不点。这样的小家伙重量很小,最多不过0.1克,在空中经过漫长的加速之后,最终重力与阻力平衡,速度也就稳定下来,大概保持在10米/秒左右。这速度,相当于一辆普通的自行车向我们冲来,不过——这也只能算是一辆"超迷你"的自行车,落在身上甚至难以察觉。

而水滴变成固态,最典型的例子就是冰雹。这个出现在天气预报上能让农民伯伯"花容失色"的家伙,带来的可不仅仅是从"滴滴答"到"砰砰砰"的声音上的变化,更是落在身上真切的感受——疼!固体的冰雹明显比液体的雨滴更结实、更硬,所以落下来的个头也不小,夸张点的甚至能达到15厘米——比一个普通苹果还大。这样的大家伙,就是直接拿来当武器也足够了,加上在空中加速,实在称得上是"火力全开",速度可以超过50米/秒。这要是真砸在脑袋上,分分钟见血不成问题。

    这还叫冰雹?这怎么能叫冰雹呀!
    这就是老天爷的终极暗器,
    还是个覆盖全屏幕的团灭大招呢!

一个小小的变化,一滴水就能取人性命,可是,这还没完呢!科学家们的脑洞可不局限于现实,怎样榨干一滴水的剩余价值,他们比谁想得都全面。既然在大气层的作用下，强大的空气阻力阻碍了水滴发挥效果，那去掉大气层又会发生什么呢？没了阻力，如果不考虑太阳的炙烤导致水滴蒸发，这滴水就真正地获得了自由。它可以在引力的作用下，畅快地一路加速，冲向大地母亲的怀抱。

我们都知道，在地球上的重力加速度约等于$9.8m/s^2$，要是能按照这个加速度从极高的高空掉落，那它的速度将越来越快，最后，别说是取人性命了，只要掌握好高度，来个毁灭地球的壮举也相当轻松。这就像高空中的飞鸟，虽然柔弱，也一样能成为飞行员的噩梦一样。

还好，自然法则还是给我们留下了一条生路，没有让一滴水变成末日缔造者。虽然地表上的重力加速度大，也就是说引力很大，但是高度越高、距离地球越远，引力就越小。根据计算，一滴水从极高的高空——比如地球以外的真空掉落，能够达到的最大速度就是第二宇宙速度，约为11千米/秒，哪怕是在无限远处也是一样。这一速度当然不会造成世界末日了，不过，砸到人身上还是可以轻松造成重伤，严重的甚至可能造成意外"扑街"，还是十分危险的。

所以，大气层的重要性不言而喻。既然如此，还是将它再安装回去，而我们可以在其他方面动动手脚，比如——水滴的大小。如果在空中掉落一滴"巨大"的水滴，有多大呢？你可以想象一座大湖的水全部汇合在一起，会不会因为"水多力量大"而带来不一样的结果呢？答案是当然的。这么一个水滴中的"巨人"掉落下来，最先接受冲击的位置将会感受到什么叫"亚历山大"。倒霉的是，水滴在这一瞬间还聚在一起，下一秒就会四散开来，这冲击力可比洪水强太多了，眨眼间便可以推平土地，创造出一个方圆几千米的平原出来。

担心洪水暴发，那将水滴换成固体吧！这下倒是没有洪水了，不过，一个直径几千米的"冰雹"砸下来，是什么后果呢？答案很简单，这就是传说中的"彗星撞地球"啊！据说上一个见证这一壮观景象的前辈还是恐龙，之后……嗯，它们就灭绝了。

一不小心搞出个人类灭绝的结果，科学家们的实力也是不容小觑，这才是赤裸裸的知识就是力量！这么一想，就连天空中掉落的雨滴似乎也有点不能直视了，总感觉背后隐藏着什么阴谋呢，一定是我想多了。

用手枪的神枪手都是电影演员

你是不是也想过成为帅气的神枪手呢？

一把手枪，百步穿杨，穿梭于枪林弹雨中毫发无伤。

帅吧？想学吧？

等你成为电影演员再说吧！

没听说过"不用手枪的神枪手不是好的电影演员"吗？

能够用手枪演绎出"神枪手"气质的人，除了电影演员之外，估计也就只有魔术师了，因为，在实际作战中，手枪的射程可谓近得可怜，与其想着拿一把手枪大杀四方，还不如回到冷兵器时代，背上一把长弓，说不定还能来个百步穿杨，绝对能够秒杀手枪。

你可能有些不信，毕竟靶场上，手枪的射程可不短，即便是50米远的靶子，一样有人能取得令人跌碎眼镜的成绩，至于10米左右……不好意思，还没人听说过有"10米手枪射击赛"呢。可是，赛场上的成绩都是"纸上谈兵",真要把我们放在香港老电影中街头巷口大乱斗的场景下,能在10米内保证准头,就已经是极好的发挥了。

事实上,根据大量数据分析,绝大多数使用手枪交战的距离都不超过15米,有信心在15米之外击中目标的,那必须得对自己的水平十分有把握、相当有自信才行——哪怕是经过训练的神枪手也不敢夸下海口。而更多的人显然对自己的实力有明确的判断,因此有一半以上的交战甚至保持在10米内。至于在15米外使用手枪的案例,还不超过10%——显然,真实情况下数量肯定更多,可惜,并没有几个人成功击中自己的目标,自然不被算在其中了。

所以,15米几乎可以算是手枪枪战中的"安全黄线"了,要是超过了15米,别怕,就算对方拥有着007的气势,也只能发挥出纯菜鸟的实力,虽然不说100%安全——毕竟运气还是比较玄妙的事情,也能达到99%了。

那些经过特殊训练的武警也不能成为例外吗?看起来,他们在跟手枪较劲之后,似乎也只能甘拜下风。不信就来看看武警的训练要求,使用手枪的时候,他们有特殊的标准,比如3~10米的距离内,能够在3秒钟之内连续射出3发子弹,并且达到至少一次击中敌人的目标就算合格。是的,你没有看错,不是100米,不是30米,只要3米!难道他们中没有神枪手?不说比得上奥运冠军,至少也比电影里的小混混强得多。没能有更强悍的表现,只能归咎于罪魁祸首——手枪不够给力了。

硬件不给力,软件再提升也是白搭,非要他们拿着手枪来一把末路英雄的狂欢,不好意思,实在是有些强人所难。所以,能把手枪使出机枪架势的,只能是电影中的英雄们了。

你可能很难接受这个结论,毕竟能证明手枪杀伤力的事例也不少,手枪的射程更不仅仅只有几米。仅仅是二战时期的毛瑟枪,射程也标称有1千米。咳咳,要说它一定能射到千米之外,那是有点太夸张了,谁也不敢打包票。但是在加上枪托的前提下,射程达到百米还是有可能的,难道威力也不够吗?

可是光有射程还不行,还得有准头。对于一个未经训练的普通人而言,哪怕给他一把射程最远的枪,他也基本打不中目标——瞎猫碰上死耗子不算。而手枪在使用的时候,误差实在是惨不忍睹,哪怕是专用的狙击步枪,在百米之外的瞄准误差也能达到1.5米以上。这是什么意思?如果个子矮,原本瞄准的是脚下,基本上就可以从头皮擦过了,堪称"完美闪避"。

狙击枪尚且如此,更别提手枪了。想用一把小手枪击中15米外的目标,与其期待着自己有一手好枪法,还不如祈祷着人品加成、buff强劲,小宇宙爆发一次,倒是后者更有可能让你达成愿望。

电脑里的A、B盘去哪儿了?

电脑里还有A、B盘?
如果没有,为啥我们的电脑是从C盘开始标记?
不行,我得去找售后。
干什么?
问问他把我的A、B盘藏哪去了!

这事要是问售后,售后还真是一个大写的"冤"——就算藏了,也

Question 1 高智商怪咖都关心什么奇葩问题？

不是售后干的呀。咳咳，当然，这也跟售前没关系，更不是厂家侵吞了您的利益，电脑的硬盘还真就是从C盘开始算的。

这么奇怪的标记方法，难道是发明人脑子一时糊涂，把A、B盘给忘了？还真不是！A、B盘在一开始，的确是我们电脑不可或缺的一部分，不过它们不属于硬盘系统，而是最开始家用电脑普及的大功臣——软盘。

电脑在20世纪诞生，一开始，它还是实验室中的巨无霸，随随便便就可占据几间屋子，简直羡煞其他实验器材。随着技术的普及，电脑体积越来越小、功能越来越多，人们关于它的想法也就越来越复杂。

研究者们整天想着提升电脑的性能，商人们却从它身上看到了一个新大陆——如果能将电脑普及到寻常百姓家，带来的利润将无法估计。也许那时候，他们还没能预想到互联网时代的波澜壮阔，但是普及家用电脑的想法却已经有了。

然而，厂商兴致勃勃想挖掘的这个金山，在他们敲下第一锄头的时候就给了大家一个难题——成本。硬盘的成本很高，价格更是令人咂舌。商用、研究用的电脑上安装硬盘没问题，反正公司有钱！可是，寻常人家怎么买得起呢？思来想去，人们将电脑的硬盘拆掉，制造了价格低廉的兼容机——当然，低廉是相对的。

那时候买个电脑，简直就是买了个玛莎拉蒂！
一样有面子？
不，是一样贵！
拆了硬盘还这样，要是加上硬盘……
简直是吃土喝西北风的节奏啊！

如此一来，电脑终于从"倾家荡产也买不起"变成了"普通家庭的奢侈品"。不过，拆掉了硬盘就相当于拆掉了存储设备，别说什么文件都存不了，就连电脑的系统也没地方安装。为了不让人们花大价钱买个空壳，便设计出了用外部插入的软盘进行存储的方式。

这么一看，软盘和硬盘的区别，好像就是一个内置、一个外带，似乎还是硬盘更加方便一点。可是，软盘它的优点十分吸引人，它便宜啊！如此一来，硬盘立刻被KO了。

一开始，软盘的尺寸有8英寸，相当于一个iPad迷你——这可一点都不迷你，后来缩小到5.25英寸，终于跟电脑"适配成功"，成为家用电脑的第一个存储设备——A盘。软盘虽然便宜，但是存储量很小，放到现在也就能够存储一首歌，还不能是高保真的，因此后来就设计为"双驱动"，也就是插两张软盘。这样，B盘就诞生了。

后来，软盘的个头不断缩小，价格节节下降，而硬盘也不甘示弱，终于从价格的神坛上跌落，明白了"从群众中来，到群众中去"的道理，开始变得亲民起来。如此一来，硬盘也加入到了这个新市场中，被运用到家用电脑上。

此时，前面的两个位置已经被占据了，硬盘只好从"C"开始命名，屈居于软盘这个前辈之后。但是，硬盘的优势很强，存储量大、速度快，跟听起来就软弱可欺的"软盘"一比，很有一种将前浪拍死在沙滩上的气势。

加上U盘、光盘等新成员的挤压，软盘很快就退出了历史舞台，停止了制造与销售。现在，我们的电脑上已经再也看不到插入软盘的接口了，似乎软盘的痕迹已经被清扫干净。不过，显然人们不想对这样的大功臣

"利用完就扔",因此还是保留了软盘的位置,那就是电脑的A、B盘。

哪怕软盘已经被淘汰,命名的规则也没有改变,消失不见的A、B盘,反而让我们能一直记住这个家用电脑推广的大功臣呢!

拆定时炸弹为何要剪红蓝电线?

你能想象这样的电影场景吗?

"别动我,我身上绑了炸弹!"

"那现在怎么办?"

"拆开炸弹外壳,看到那两根红蓝线了吗?你剪断红色的那根……"

"臣妾做不到啊!"

"为什么?这次不用你猜,我都告诉你了,是红色的那根。"

"你不知道吗?我……我是色盲!"

这样的电影片段还真没见过。我们常见的剧情,往往是主角先来一段荡气回肠的生离死别,然后在全靠运气加成的情况下,在炸弹的红蓝两条线之间随便一猜,然后在最后0.01秒剪断,最终转危为安。看多了这样的镜头,忍不住让人恶趣味地幻想,如果主角是个色盲患者,是不是就让选择变得简单很多了呢?

当然,这些拆定时炸弹的剧情不仅让我们产生了恶趣味,更多的是给大家带来了一个疑问:在拆定时炸弹的时候,为什么只要简单地剪断一根电线，就能够让棘手的问题迎刃而解呢？这可不是编剧们随手设置的一个狗血剧情，而是根据现实生活中定时炸弹的结构设定的。

别看电影里的定时炸弹看起来十分复杂，其实仿照的都是最简单的定时炸弹，拥有两支线路的并联电路。想想也知道，如果是复杂的电路，怎么可能只有两条电线，那岂不是明晃晃地昭告大众——哪怕你根本不知道这个炸弹的原理，随便剪断一根也有50%的生还概率。所以，现在选择这种炸弹的恐怖分子早就绝迹了，因为这样做实在太落后，我们也只能在电影中一睹其真容了。

而这两条电路支路中，只有一条安装着起爆器，相当于电阻，另外一条就是没有电阻的支路。起爆器，顾名思义就是使炸药爆炸的器件，一旦电流流经起爆器，炸弹就会爆炸。这岂不是很危险？放心，物理学原理告诉我们，当两条支路并联在电路上的时候，电流会全部流经没有电阻的支路，这就是我们所说的"短路"。所以，装有起爆器的电线与一根空载的电线并联，电流会完全忽略起爆器这个"大杀器"，而是全部绕行，使其短路。

简单的定时炸弹就是利用这个原理，在到达设定时间之前，电流全部从没有电阻的支路流过，直到规定时间才会流经起爆器，然后——"轰"。这时候，想要阻止惨剧发生，就得从根本上解决炸弹的问题，那就是让电流永远跟起爆器说"拜拜"。

红蓝线就是这样出现的。一般连着起爆器的那根支路会隐藏在炸弹之中，露出的则是空载的支路以及搭载着一个普通电阻的干路——也就是两根支路汇集后的总电路，这两条电路用不同的颜色标注。这时候，就面临那个世纪性的选择难题了：剪红的还是剪蓝的。如果选择剪断那根空载的支路，好吧，我们就堵住了电流正常流经的道路，没办法，它们只能改道进入起爆器那条支路中,然后——game over,这就是选择错误。如果剪断的是搭载着普通电阻的干路,这就是把整个电路都截断了,不管走哪条支路都是断开的,自然没有电流,这就是选择正确,迎来happy ending。

当然了,真正的拆炸弹可不是这么简单粗暴,毕竟时代在进步,科技在发展,我们也得给拆弹专家们留一条生路。现在的定时炸弹融入了各种复杂的科技,再也不是一剪子走遍天下的那个时代了。所以,光认识红蓝线是远远不够的。

硬币从高处坠落能砸死人吗?

> 如果一枚硬币从高空掉落……
>
> 什么硬币?人民币?欧元?越南盾?还是价值几十万的某某年纪念币?
>
> 为什么问这么多?
>
> 当然了,我得考虑要不要冒着生命危险伸手去接……

先不考虑我们能不能接住这枚自由飞翔的硬币,相信大家听到关于"硬币从高空掉落"这样的话题,第一反应就是"会不会被砸伤"。没办法,硬币可不是羽毛,它和子弹一样,那都是金属做的,再加上在高空中的这段助跑……只要高度足够,总有可能砸伤甚至砸死人的吧?虽然恰好被硬币砸中的幸运儿——或者说倒霉蛋估计不多,但是还真挺令人担忧的。

事实会是这样吗？

让我们来仔细了解一下硬币在空中的这段自由落体运动吧！要知道，硬币在下落的过程中，虽然受到重力的吸引在不断加速，但是也有一个特殊的力量——空气阻力在不断拉扯它的脚步阻碍它下落。真实的世界不像我们的中学物理书上所展现的一样，在计算的时候还要加上一句"空气阻力忽略不计"，空气阻力能发挥的用处其实是很大的。可以这么说，能让我们在硬币的"袭击"下死里逃生的，就是空气阻力。

这可不是信口胡言。虽然在低速时，空气阻力的确十分微弱，但它有个特别值得表扬的优秀品质，那就是遇强则强。所以，速度越快，空气阻力也就会跟着越来越大。这么说，是不是硬币在极高的地方降落，空气阻力早晚会随着速度无限增大，最后拽着硬币往回飞？当然不会，在它和重力的这场较量中，最终的结果只会是空气阻力和重力相等，而速度稳定不变，一直到落地为止。所以，不管硬币从多高的地方降落下来，只要速度达到一定水平，导致空气阻力和重力一致了，速度就不会再增快。这样一来，只要看看硬币的这个"最大速度"是多少，就可以估量出我们要受到多大的冲击了。

当然，因为硬币的形状特殊，在空中保持圆面水平还是竖直的姿势不同，也会导致受阻力不同，最后的速度自然不一样了。如果一枚1元硬币一直保持着竖直，好像一把刀从高空"砍"下来，速度能够达到45.4米/秒，但是它要是躺平了，保持着降落伞的状态，那只能达到最高13.5米/秒的速度——也就比一辆自行车快点，想想也知道没什么杀伤力。

哪怕是每秒45.4米的"高速"，配上1元硬币这娇小的身板，也不会对我们的身体产生什么伤害。最多是一个大号平板脱手砸到脸上的痛感而已，相信诸位也有不少人早已经体验过了，这样的攻击距离致命还差

Question 1　高智商怪咖都关心什么奇葩问题？

着十万八千里呢！

除了这些理论依据外，关于高空降落的硬币的那些事，早有好奇的物理学家做了实验。这位"敢于冒险"的物理学家名叫路易斯·布鲁姆菲尔德，他专门制作了一个飞行器，将其升高到30米高的位置，控制飞行器抛掷下几枚硬币，并伸手去接。

这位物理学家先用自己的亲身经历验证了——被硬币砸到也不是那么容易。因为在他主动伸手去接的情况下，还是一枚也没接到。不过幸运的是，有一枚硬币砸到了他的下巴上，让他感受了一下平板砸脸的痛感，不然他可是要失望而归了。

根据他的分析，虽然摩天大楼可以高达数百米，但是从上面掉落的硬币速度也不会再提高多少了，所以哪怕会被砸疼，也不会产生太大的危险。我们有理由相信，他之所以没有用飞行器模拟摩天大楼的高度，绝对不是不相信自己的结论而不敢去尝试，而是因为他的运动神经实在太差了，在那样的高度下，恐怕千辛万苦也接不住几个硬币。

所以，关于硬币的问题我们得到了一个十分安全的结论——从高空掉落的硬币并不危险。所以，那些想要伸手去接硬币的家伙，不用犹豫了，还是先伸手接住再来考虑它值不值钱吧，这可是真正的"天降横财"呀！

历史"遗留"问题研究中心

没有杜蕾斯，古人是怎么避孕的?

你们猜，为什么古人不实行计划生育呢?
人口太少? 缺乏劳动力? 寿命短?
NO, NO, NO, 我看，一定是因为……没有避孕套!

开个玩笑，事实上，在奉行着"多子多福"观念的中国古代，人口、劳动力就代表着家庭兴旺甚至是财富，所以人们怎么会实行计划生育呢? 不过，这也的确引发了一个小疑问，就算古代不实行计划生育，也不代表人们就可以"想生就生，我的地盘我做主"，总有那么一两回特殊时候是想要避孕的，这时候他们又怎样采取措施呢? 要知道，古代可没有杜蕾斯贩卖机。

这一点，喜欢看宅斗电视剧的朋友就有话说了，没看到每次得宠的"小妖精"们服侍完老爷，嫡妻都得给她们喝上一碗避子汤吗? 这样一碗神奇的中草药，堪称古代版"毓婷"，轻松拿捏着小妾的命脉，每个成功的当家主母手中要是没有一两服，都不好意思出门。难道古人真有这么奇特的药物?

事实上，这种有一定避孕效果的药物在古代的确存在，甚至自隋唐时期起，就让许多专门给人配绝育药的大夫走红了。没办法，有需求就有市场，对于常年在后宅身娇体弱的当家主母们来说，生孩子就是迈入鬼门关,儿子在精不在多,她们的精力还是要放在管理家务、抚养孩子的主要职业上。所以,不光是为了管理小妾,就是为了自身安全,她们也有着十分强烈的避孕需求。

可惜,古代草药版的"短效避孕药"效果不稳定,还很有可能伤身。最著名的"小白鼠"就是汉成帝的皇后赵飞燕。这位美人事业心非常强大,为了更加受宠,决定暂时放弃怀孕。所以,她使用了当时汉代人民新发明的避孕药——麝香。没错,麝香的确可以避孕,但是人们不知道的是,其含有的麝香酮等会导致子宫过度兴奋,最终导致不孕。于是,赵飞燕姐妹终于因为"胡乱使用未进行临床检验的药物",而最终不孕了。

除了麝香,水银也是古代十分恐怖的避孕药,它多用于青楼女子身上。工作性质决定了这些人才是避孕药的最大需求者,不然青楼恐怕就要改建为幼儿园了。这些青楼女子需要长期避孕,老鸨自然不会考虑避孕药的安全性和副作用,所以使用的所谓避孕药往往就是绝育药。比如,服用微量水银就有杀精、避孕的效果,但是长期服用,不仅会导致不孕,还会使身体沉积毒素,哪怕生下孩子也很可能出现痴傻。

所以,药物避孕对于年轻妇女来说还是很有风险的。不过,对于都要有孙子的女性来说,这都不是问题,因为她们会直接寻求绝育药。自从隋唐起,绝育药方就在民间"风靡"起来,当然,它们的药效还是要经过时间检验,一直到明清时期,才有了比较稳定的绝育汤药。看来,就算有绝育的心也很容易"中枪"啊!

汤药靠不住,人们又开始从其他方面想办法,比如元朝人孔齐就发现,人们可以通过算日子的方式避孕。一听就知道,这一定是个实践出真知的医生,竟然连"安全期"的概念都提出来了。可惜,想法很不错、很先进，但是算法却出了问题。孔齐提出的算日子方法，跟我们现代计算安全期的方式几乎相反。所以，这个好想法发挥的作用也不大。

但是，这依旧挡不住人们对避孕的强烈向往。在现代，一段时间超生要罚款，古代生几个就要"罚"几个——美其名曰"人丁税"，税金十分可观。所以，交不起税钱的家庭大概就是避孕的"主力军"了。劳动人民的智慧是无穷的，他们从动物身上发现了简易版的"避孕套"，比如猪膀胱、羊肠、鱼鳔……还别说，这些东西轻薄又有弹性，与现代的"杜蕾斯"们的确有异曲同工之妙。不过，干净与否先不说，这样的避孕套不仅制作麻烦，尺寸也很难合适。你敢说从河中随便捞几条鱼，就能搭配出合适的套套吗？哪有这么巧合的事，所以，避孕套虽然出现了雏形，却没有推广流传。

不过，这也不代表人们就没办法了。我国的江浙地区有着悠久的"避孕"历史，尤其是明清时期，江浙人发明了各种稀奇古怪但是卓有成效的避孕方法，食物避孕就是其中之一。江浙的男人想要避孕的时候，往往会吃一种叫"棉籽油"的食物，吃的时候不会使人怀孕，停上一阵子就又能恢复了。这听起来可比麝香友好多了，因此广泛被人使用。

仅仅是中国古代，人们对于"避孕"这个课题就已经有了深刻的研究，虽然其中有不少跑偏的地方，但是手段之丰富，跟现代比也一点都不差，实在是令人大开眼界。

古代军队为什么把人头称为"首级"？

为什么人头又叫作"首级"呢？

> 难道不是"人首"更贴切吗?虽然听起来有点怪……
> 难不成人头也能分级别?

人头肯定是不能分级别的,谁会因为脑袋的胖瘦、大小不同而给它分个三六九等呢?这一点倒是把"人人平等"发挥得很好。不过,在中国古代的军队中,人头还真跟"级别"二字息息相关,而"首级"的说法也是因此从军队中流传开来的。

用"首级"来指我们的脑袋,其实还是十分形象的,毕竟"首"本来就有人头的意思,是人身上最顶端的部位,只是这个"级"实在让人有点摸不着头脑。实际上,我们说它可以诠释为"级别",还真不是在乱说。人头,在古代军队中往往能成为爵位、军职的代名词,是让人在军队这个大环境中"升级"的利器。

之所以这么说,要从秦汉时期的一条军规谈起。秦汉时期的中国历史,少不了"战争"二字,不管是中原内部的战乱斗争,还是与周边少数民族之间的频频摩擦,都给军队带来了很大压力。当然,有压力就有动力,不打仗怎么能得到战功呢?只是,战功如何计算就是个很大的难题,不是每个士兵都能在将军眼皮底下立功,或者得到舍身护驾机会的,战场上这么混乱,谁知道他们都杀敌多少、立了什么功?总不能每人身后派个监察人员记录吧。

为了解决这个问题,军队有了这样的规定:根据敌人的人头数量来计算军功并进行封赏,斩一颗人头,就赐一级爵位。这么一来,脑袋就成了军功的等价物了,以一换一,简单明确,十分高效。而且,选择脑袋来代替也是十分明智的,一方面古代有"斩首"的刑罚,斩首本身对敌人带有一定的侮辱性,有利于打击敌人的士气;另一方面,也不必担心有所偏颇，如果是用胳膊、腿、耳朵等其他位置来代替，谁知道敌人是伤还是死呢？脑袋就不一样了，只要斩下，就代表杀敌，十分简单。

所以，敌军的人头就成了军队里的香饽饽，与现代人人都爱的人民币有着一样的地位。因为它与士兵在军队中的级别有着直接的关联，所以"首"就跟"级"联系在了一起，而且仅仅在军中有这样的习惯。不信，你看谁在现实生活中称呼别人的脑袋为"首级"呢？想想这个场景……

"嘿，老王，你儿子的首级不小啊！一看就聪明。"

"谢……不对，你说谁首级呢？是不是找抽啊！"

看看，这词一出，人家就能感觉到浓浓的敌意，以为你故意挑衅呢。这就是词语的语境导致的，因为"首级"本来就是称呼敌军的词汇。

可惜的是，军队中的"首级制度"原本是刺激军人积极杀敌的奖励制度，却渐渐暴露了弊端。军队中的一颗敌军人头，就像撒在人群里的人民币一样，只会引得纷纷哄抢，严重的甚至会发生互相攻击、残杀的后果。士兵们为了得到一颗脑袋、得到爵位的奖赏，那真是奋不顾身、英勇杀敌，回头还要更英勇地跟战友争抢一番，说不定就要因为"窝里乱"导致一两个士兵的牺牲，这才是悲哀。《史记》中就记载，项羽自刎之后，脑袋被人取走，不过他作为刘邦的最大对手，地位自然非同一般，脑袋没了身子也可以邀功。士兵为了争夺项羽的遗体，甚至出现"相杀者数十"的场面，实在难以直视。

到了后期，"首级制度"的弊端就更大了。边关有将士为了获得爵位,便"杀良冒功",用普通百姓的脑袋充当敌军,不仅没能杀敌卫国,还因为这一制度导致百姓无辜遭难。更有甚者,人头一度成为金贵的交易品,有钱人从其他士兵手里买下人头,自然就可以加官晋爵,实在是比捐官更简单快捷的方式,但也使"首级制度"失去了本身的意义。

因此,从北宋开始,首级制就在军队中销声匿迹,只留下这个特殊的词语,记录了那段特殊的历史和不一样的军队制度。

为什么诸葛亮总拿着一把羽毛扇?

为什么不论春夏秋冬,军师们总是摇一把羽毛扇呢?

可能是他们的祖宗引领的风尚。

军师祖宗是谁?诸葛亮啊!

不过,你怎么知道诸葛亮一定要摇羽扇呢?

还别说,不管是各种影视剧还是文学作品里,展现出的诸葛亮永远都是头系布巾、轻摇羽扇的模样,哪怕数九寒冬,扇子一定不能离手。就连男神苏轼都用"羽扇纶巾"这样的词来形容他,把诸葛亮和羽毛扇牢牢地联系在了一起。这样充满"逼格"的形象是从什么时候定下的呢?诸葛亮本人知道自己与一把扇子有这么大的缘分吗?

诸葛亮本人是怎么看的我们不知道,不过在正史《三国志》的记录中,的确没有对诸葛亮的羽毛扇的描述。也许《三国志》的作者不喜欢关注军师拿不拿扇子这样的小事,不过这一点足够说明,诸葛亮手拿羽毛扇的形象，在当时一定没有现在这么经典甚至是夸张。

要是诸葛亮一年四季抱着扇子不撒手，
真要怀疑是不是扇子才是他的本体了。

开个玩笑，诸葛先生当然不可能是扇子精，那是什么让他突然成了"恋扇狂人"？究其原因，还是后世人对足智多谋的军师形象的神化，也是当时人们的审美习惯所致。就像人们一提到小天使就想到脑袋上的光环，一想到观音大士就忘不了净瓶一样，军师手拿羽毛扇，谈笑风生的形象，与动辄喊打喊杀的粗人将军有着强烈的对比，自然更符合气质了不是？

这一点在《晋书·羊祜传》中得到了验证。书中形容战略家羊祜"轻裘缓带，身不被甲"，而另一位儒将韦睿则是"乘素木舆，执白角如意"，看起来各个姿态风流写意，不像去战场，倒像是去郊游。还别说，这样"天下尽在掌控"的高人造型，在当时最受人追捧，一下子就从粗俗的"兵家子"上升到了"名士风度"，羊祜的造型成了人人学习的典范。

所以，在三国两晋时期，想在军队中显得深不可测、潇洒自如，就绝对不能流于俗套。别的将军都是一身戎装，那儒将、名士就必须一身素服、羽扇葛巾，打扮得朴素点不要紧，那股世外高人的气质一定要维护好，如此鹤立鸡群，才能显出与别人不同。当时的羊祜、韦睿就是如此，这种装扮已经成了"儒将"的标配。而此前的三国时期，诸葛亮作为第一谋士，在人们面前的形象应该也差不多是这样。

就是这样，一分事实、一分联想、一分神化，让诸葛亮有了现在我们所熟悉的标准形象。在明清时期的大量描写中，我们都能看到羽扇纶巾的诸葛孔明。比如《世说新语补》中写道，诸葛武侯"独乘素舆，葛巾、毛扇，指麾三军"，就是为了跟一身战甲的敌军将领司马懿作对比，也是当时人们对诸葛亮的印象。而《三国演义》里面，诸葛亮的名士形象就更加典型了，羽毛扇成为了标配，而这都是为了衬托出他的智慧与风采。

所以，与其说诸葛亮总拿着一把羽毛扇，不如说是我们心中的诸葛亮总是这样一副高人形象。推广开去，后世的军师形象总脱离不了诸葛亮这个形象的影子，比如古代小说中的徐茂公、军师吴用等，个个都是手拿羽扇的斯文人，这就是源自人们对于"军师"这个职务的认识。难道他们个个都是"恋扇狂人"？不见得，只是人们觉得这样最符合他们的身份而已。

为什么把太监叫作"公公"？

> 为什么太监的另一个称呼是"公公"？
> 总不会是为了强调他们的性别为"公"，所以重复两遍吧？
> 那是为了什么呢？

在影视剧中，人们往往称呼太监为"公公"，而且这还是一个有尊敬意味的称呼，没点地位不能被这么称呼，而是用"小某子"代替。稍微了解一下就会发现，这个在各朝各代宫廷中不可或缺的古老职业，对从业者的称呼还真是五花八门，贬低点就是"阉人"，官方点则是"宦官"，尊敬点就是"公公"，这些称呼都是怎么回事呢？

在清朝，似乎"宦官"就等同于"太监""公公"，而在过去则不是如此。早在战国时期，宫廷里就有了宦官这个职位，不过当时的宦官十分特殊，不一定全是阉人。所以，很多专家都认为秦始皇身边的第一宦官、身为贵族之后的赵高，顶着阉人的名头其实十分委屈，因为他不一定是阉人，而是相当于宫廷秘书长的存在。

直到东汉之后，"宦官"才全部以阉人充任。而"太监"则出现得更晚，从辽代起才有这一称呼。最开始，"太监"也不是指宦官，而是一个特殊的官职，一直到明朝才与宦官有了密不可分的联系。不要以为每个宦官都能成为"太监"，哪怕是被骂"死太监"，恐怕在宦官心里都是十分荣耀的事情。因为，"太监"代表宦官中相当高的职位，只有宦官里面的领导才能叫作"太监"，一般人还不一定有这样的好运呢。

这么说，要是穿越回古代，连做太监都得先努力奋斗？
啧啧，还是现代生活好，封建社会要不得啊！

正是因为太监在宦官中身份特殊，才有了"公公"这个尊称的诞生。宦官中的太监往往小有地位，尤其是在明朝，高级些的太监如掌印太监、秉笔太监等，更是皇帝身边一等一的红人，能够掌管皇上的印鉴，还能给皇上代笔批阅奏折，是最接近皇权的一批人。为官的大臣虽然多半看不起太监，但是不得不通过这些有权势的大太监来接近、了解皇上，甚至攀附他们。这时候，与太监们之间的交流就成了件十分重要的事情。

一开始，称呼宦官为"太监"是为了表达尊敬，说明他们地位不同，但是这并不能改变宦官整体尴尬的社会地位，所以时间一久，习以为常之后,"太监"就不再是一个尊敬的好词了。直接称呼他们"太监",无异于在提醒他们"阉人"的身份,对于这群格外敏感、心眼也可能更小的人来说,基本上就是指着鼻子骂。所以,就有了尊称"公公",以表示对太监的尊重。这样听起来,似乎也的确顺耳很多。不过,"公公"这个称谓具体是因何而来,现在却很难考证了。

除了"公公"这样的尊称,还有的人称呼太监为"老爷",从称呼上听不出他们与正常人的不同,就会让宦官觉得更加舒适。这一点在清朝后期体现得格外明显。根据宫廷里太监们的记述,在当时"公公"也成了一个禁忌的称呼,与最恶毒的骂人词汇有一拼,太监们更喜欢称呼自己为"爷"。这很有意思,在一开始"太监"是作为尊称出现的,后来有了"公公",而后这个词汇也被抛弃了。根本原因,还是因为太监这个群体缺乏他人的尊重,不管是什么尊称的词汇,最终都会让他们意识到自身的不同,提醒他们身体的残缺。所以,太监们更希望抛弃那些特殊称呼,而被当作普通人看待,因此他们互称"爷",比如"李爷""刘爷",对待前辈则称呼"师父",哪怕是自谦,也要文绉绉地说一句"刑余之人",潇洒地自嘲一番。可见,太监们的心思也十分敏感细腻,渴望被尊重。

一个"公公"的称呼,从备受尊敬到跌落泥潭,所展现给我们的,就是古代宦官群体不为人道的无奈与悲哀。

古代处决犯人为什么安排在秋季?

为什么古代只在秋天处决犯人?

这还不简单，没听说过成语"多事之秋"吗？

这说明，秋天就是一个忙碌的季节，刽子手也该忙起来了！

这种解释对吗？估计不太靠谱。但是，古时候的确不是什么时间都能处决犯人的，青天大老爷冲冠一怒，把犯人丢到铡刀下铡了——这种事情基本不会发生。因为，所有要处以死刑的人，都要等到秋天统一行刑，"秋后处斩"就是如此。

这种习俗从汉朝就出现了。最开始这么提议的人是董仲舒，就是因为提出"罢黜百家，独尊儒术"而被汉武帝格外推崇的那位。他不仅在思想上帮助君王集权，在赏罚规定上也力求宣扬"君权神授"，堪称投皇帝所好、给皇帝拍马屁第一人。董仲舒认为，天人是可以感应的，所以帝王的施政应该根据一年四季不同的时候来，这就是顺应天时。春天庆祝、夏天赏赐、秋天处刑、冬天行罚，这样就是顺天而行。当时人们认为杀戮是不好的，可是顺天行刑就不一样了，是受到上天认可的行为，这就从思想上让人们对皇帝的行为产生了敬畏。

其实，这种说法还是有点道理的，只是与顺应天命无关，更重要的是人和。要是将死刑的时间调到春季，这样万物生发、欣欣向荣的一年之始，不仅显得兆头不好，也会影响百姓的心情和积极性，显得十分不恰当。而肃杀的秋冬则不然，在此时执行死刑，影响就小得多。

原来这就是传说中的"天凉王破"！

什么意思？

这就是"天凉了，帝王让你家破人亡"啊！

总之，董仲舒这一通迷信的忽悠，还真忽悠住了不少人，让人们对掌握生杀大权的帝王更加敬畏，所以，后世各朝各代基本都在秋天执行死刑。比如东汉就规定，除了大逆不道、谋朝篡位这种必须快速解决、否则后患无穷的问题之外，所有的死刑都得挪到秋天霜降以后进行。而唐宋则重申这一点，认为春夏不应该执行死刑，到了明清更是严格等到秋后执行。

除了迷信的说法之外，秋后处斩还有不少方便之处。在秋冬行刑，可以有更好的警示威吓效果。我们都知道，古代的死刑都是公开执行的，还专门选择菜市口这样的热闹地方，难道仅仅是因为那里阳气重？当然不是，古今中外人们似乎都偏爱在大庭广众之下行刑，其实就是为了"杀鸡儆猴"，让围观的人知道违法乱纪的后果，以警示他们。要是选择春夏两季行刑，农民们都忙着种地，秀才们忙着准备科举考试，谁没事出门乱逛来观看行刑呢？而秋冬时节则是大多数人空闲的时候，行刑的效果更好。

而且，秋天统一行刑也更符合朝廷的运作规律。古代人口有限，违法乱纪到足以处以死刑的人更少，所以哪怕将一年里所有死刑犯的名字呈给皇帝阅览，也不会耗费太大精力。这样一来，集中行刑就更有效率了，如果是分散行刑，不仅浪费时间，给皇帝、朝廷带来的麻烦也不少。而且，秋后入冬的这段时间，正是一年内盘点事务、统计整理的时候，将一年内的死刑犯在此时统计好并行刑，比较符合整体的工作安排。如果再晚，就只能拖到来年了。

所以，不管是从迷信的角度，还是从人们的心理需求、工作要求出发，死刑犯处斩就是在秋天最为合适，因此它不仅仅成为一个延续下来的传统，更在后期成了明文规定的法律条文，由此可见古人的智慧。

古人大便后用什么擦屁股？

古代人用什么擦屁股呢？

废话，当然是用纸啊！

可是，纸还没被发明出来的时候呢？

……

难道是，用竹简？

关于古代人的如厕问题，其实不少人都十分关心。没办法，人人都需要五谷轮回，哪怕是现在我们还要对厕纸精挑细选呢，关心一下老祖宗们的用纸情况也是十分正常的。在纸发明并传播开之后，用草纸擦屁股似乎是人们的共识，可是，人们在没有纸、纸张极贵的时候，也需要解决自己的生理需求啊！这时候，擦屁股的用具就显得五花八门了。

古代人在这方面似乎显得格外矜持，肯定觉得如厕是一件十分私密又不上台面的事情，导致有关这方面的资料实在是少之又少。直到三国时期，才有了最早的关于"擦屁股用具"的记载，那就是"厕筹"。一听这名字，就让人心里"咯噔"一下，因为"筹"在古代往往指竹、木片，难道那时候都用木板擦？嘶，想想就觉得屁股微微发凉啊！

没错，"厕筹"就是指擦屁股用的木片或者竹片。先别嫌弃它硬，在当时估计这还是十分时髦、高贵的如厕办法，还是人们跟佛祖学习的呢！据传这种习惯最早源于印度，佛祖释迦牟尼就是用厕筹来如厕。对于佛教的狂热信徒来说，能够跟佛祖使用同样的如厕工具，那绝对是一种十分值得追捧的事情。

　　这可能会让你感到疑惑，东汉就发明出来的纸，为什么到现在还没用上呢？先不说纸在当时制作艰难、推广不易，人们连写字还在用竹简，就算纸早就推广开来，用它擦屁股的也是少之又少。一直到明清时期，普通老百姓都很难用上纸来如厕。而且，这样的纸与写字的纸张不能相提并论，实在不愧被称为"草纸"，不仅粗糙难用，卫生也不太容易保障。要是你觉得不适，想用用写字的纸——不好意思，你就违法了。一旦被发现，不仅官府要上门，还会受到"遭天打雷劈"的诅咒，有钱人也受不起啊！所以，各位想象过穿越的同志们，还是先担心一下到了古代该如何通畅地如厕吧。

　　最先发明了纸张的我国人民都过得这么艰难了，古代的外国人在如厕方面更是困难，别说是普通人，哪怕贵族使用的"厕纸"也十分神奇。奢侈些的如英国王室，在15世纪前使用鲑鱼擦屁股。别担心，你没看错，就是新鲜的鲑鱼肉片。想象一下这样豪放的场面，让我们如何再直视美味的鲑鱼呢？不过，听说鲑鱼擦屁股的效果不错，还能除臭——当然，臭味没了，腥味肯定少不了。

　　精贵些的比如日本王室，则用蝉的翅膀擦屁股。先不说能不能找到这么大块的蝉翅，就算找到了制作也很麻烦，因为要将一捏就碎的蝉翅膀浸泡在水中，泡软后才能使用。不过，透明的厕纸体验也很独特，哪怕是现代人也会产生好奇心呢！

　　粗犷些的就是法国人了，以贵族气质闻名的法国人，在中世纪时竟然使用麻绳擦屁股，实在是少见的黑历史。据说这样的麻绳会从屋顶垂下来，每次如厕完后就用绳子在腿间前后拉扯，摩擦屁股……不用亲自体验，就能想象这样痛苦的场景了，不知道痔疮患者看到后会是怎样的感受。

从如厕这个与我们生活密不可分却十分容易被忽略的地方，我们就能看出现代生活的优越性。那些梦想着穿越回古代风生水起的朋友们，看到这里，你们是否还有穿越的想法呢？

"出门饺子进门面"源于什么脑洞？

出门要吃饺子，回家要吃面。

为什么？

习俗！习俗就是那些你永远理解不了为什么的东西。

谁知道这又是哪个古人的脑洞呢？

在我国广大北方地区，饺子和面都是十分重要的主食，在特定的时候还必须吃不可。举个例子，按照"出门饺子进门面"的传统，离家远行就必须吃饺子，回家就得来一碗热腾腾的面条，这种习惯你的家中有吗？

之所以有这种仿佛仪式一般的习俗，是因为古代人对出行十分重视。自古以来，"衣食住行"一直是人们心里四样最基本的需求。在现代，发达的交通让"行"变得十分容易，"住"则是人们奋斗一生的目标。可过去，"行"却是一件可能比"住"更难打理好的事情。离家远行不仅耗时长，也十分危险，加上信息传递不便，一出门就十几年没有音讯的大有人在。所以古代也有"父母在，不远游"的说法。你想随便出去旅游？不行，这不是让父母担心嘛！正是因为如此，人们在出行这件事上就变得神神叨叨，就是为了取一个好的寓意，以表达亲人的祝福。

　　这么一看，我国不愧被称为"大吃货国"，就连寄托祝福都得选在"吃"上面。不过，这饺子和面有什么特殊寓意？咱们先来看饺子。饺子在过去百姓家中也是十分稀罕、隆重的食物了，先不提它的制作成本，光从它在过年过节、待客祭祀中出现的频繁程度，就能发现饺子的特殊地位，用它来为亲人送行，待遇绝对够规格。而饺子的外形独特，看起来就像个圆滚滚的金元宝，有招财进宝的寓意。在过去，整日里需要出门远游的肯定不是农民，学子赶考也不过几年赶上一回，真正在外奔波的还是商人居多，而他们最需要"出门发财"这样的好祝福，所以这时候吃饺子，那就是象征"钱途"远大，能不开心吗？

　　除此之外，饺子也有团圆的寓意，每年大年三十都要吃饺子，正是取"团团圆圆"的意思。给亲人送行要吃饺子也是如此，就是希望能够早日一家团圆，不再受奔波分离之苦。在现代，"分离"似乎是一件很常见的事，反正想念对方了，一个电话就能横穿大洋，在哪都能见面，可是古代却不同，远游有时候就意味着冒着生命危险，就算性命无忧，也很难保证一路舒舒服服、无灾无难，亲人送行的时候自然格外忐忑。

　　一个小小的饺子就能解释出这么多深重的含义，那面条又作何解释？面在北方有"长久"的意思，我们过生日的时候要来一碗长寿面，一根面条从头到尾不断，那就是期待活得"格外长久"。而回家的人吃面，则是家人希望他们长久地待在家里，享受永久的亲情。除此之外，面条也是庆贺仪式上常出现的角色，庆祝胜利回归也是它的寓意之一。一碗面，就是说不出口的挽留和期盼，古人的含蓄和智慧尽在其中了。

　　当然，我们还可以开一个这样的脑洞：古代人出门吃饺子进门吃面，其实就是为了找借口搓一顿！这么说当然是在开玩笑，不过也不是没有理由。不管是饺子还是面条，在过去都是用精粮制作的"高级餐饮"，不是人人每天都能吃上的。对于整日稀饭窝头为主的老百姓来说，能吃上一顿就是过年的待遇，所以远游的时候借机会解解馋，也不是没有可能哦！

到了现代，这个传承已久的习俗已经渐渐没那么重要了，虽然我们会为此感到惋惜，但是想一想，这不也意味着出门不再是难题，所以人们才没有过去那么重视了吗？要是为了吃一碗面、一顿饺子，回归古代的出行方式，恐怕大伙都要齐齐摇头，坚决抵制了。不过，这简单的饮食中蕴含的深情厚谊，还是令我们格外感动的。

为什么是"上厕所"与"下厨房"？

"上厕所""下厨房"这两个词怎么来的，你想过吗？

难道古代的厕所都在楼上、厨房都在地下室？

不对，古代有地下室吗？

在我们的生活中，常常有一些用得不能再熟悉的词汇，仔细想想却发现，根本不知道它的来源。就比如说"上厕所"和"下厨房"两个词，为什么不能说"下厕所"或者"上厨房"呢？两个词组的特殊搭配，一定是有什么不为人知的道理，下面我们就来了解一下吧。

这两个词虽然普通，历史却相当悠久了。因为有"上""下"二字，很容易让我们联想到楼上楼下，可是古代人会住楼房吗？好像最常见的古代房屋，应该是四合院才对吧！事实上，这两个词还真跟四合院的特殊结构有关系。

欲知关系如何，先得来了解一下四合院的知识。没办法，现在普通人都住上了现代化的高楼大厦，四合院反而相当少见。它再也不是平民百姓的"大杂院"了，哪怕你能在帝都N环混上一套，都代表身上写满了金灿灿的"土豪"二字。所以，不了解它的构造也是很正常的。

四合院，顾名思义，就是四面都有房屋的院子。由于古代的房子都讲究个"坐北朝南"，北边的房子自然是地理位置最好的，冬天一开窗就能接受阳光直射，堪称冬暖夏凉、居家旅行的最佳住处，也就是"正房"。这么好的位置，在家族地位等级森严的古代，只有家中地位最高的人才能住在北边——啧啧啧，万恶的封建社会，地位直接体现在吃穿住行上。

东西边的屋子则是"厢房"。按理说这两边的屋子地理位置差不多，住的人应该地位也一样吧？不，别看东边的屋子和西边是"双胞胎"，它天生就比西厢房高级一点。没办法，谁让太阳在东边升起呢？咱们老祖宗就讲究个好兆头，有才就是任性！

我要是开发商，就光建四合院，只卖北边、东边的屋子。
为什么？
兆头好啊！到时还不是价格随便定，土豪钱包随我掏？

所以，东边的厢房一般住家里的"少爷"，西边则是一众"小姐"。原来分个房子还有这么多事，怪不得那些穿越回去搞宅斗的妹子，个个都能从一杯茶、一句话里分析出十八种意思，古人活得累啊！

至于常年不见阳光的南边，就是四合院里条件最差的屋，放在现代那就是开发商跳楼价甩卖的屋，里面住着地位最低的人群——下人，前提是家里请得起。

所以，各家的四合院不管里面装修成什么样，这个关于方位和地位的"潜规则"，是适用于所有人家的。正因为北边代表地位高，是"上"；南边代表地位低，是"下"，才有"上北下南"之说。

下一步，就得将它们跟"厨房""厕所"联系起来了。四合院可不像现在的屋子一样，厕所厨房还得见缝插针地安排，全根据设计师的脑洞来调整，所以经常出现像卧室一样大的厕所、完全转不开身的厨房这样奇葩的屋子。古人的厕所跟厨房，基本都按照一定的规则建造，所以去别人家做客，哪怕没人引路应该也不会走错厕所。

厕所一般建在屋子的北偏东处，而厨房则是南偏东处——非常科学，没有出现两者紧挨着导致味道混合的惨剧。别看这安排很简单，却蕴含着五行八卦的道理。人们认为北方利水，东方利木，而水跟木是相生的，厕所建在这里，意味着有水——你就不用去联想是什么水了，可以生木，对耕种有好处。

嗯，建个厕所也得保证"田地丰收""合家兴旺"，这就差把厕所建成风水宝地了呀！

厨房也是同样的道理。南方利火，东方利木，这两样可都是厨房里最常见的东西。古代可不是使用天然气的时代，没有了火和木，就只能等着饿肚子。

因此，厕所就建在"上"位，而厨房则在"下"位，自然而然就有了"上厕所""下厨房"的说法。

这么一解释，这两个说了这么多年、听着还有点土的词，突然一下子变得高大上了有木有？摇身一变成为"文化人"，只需要两个词汇即可，你绝对值得拥有！

古人上班打卡吗？作息时间是怎么定的？

> 为了防止上班迟到，各公司频出新招，
> 打卡、打指纹还不够，还有打脸……
> 哦不，是"刷脸"。
> 这算什么，连大学跑操都要刷指纹了，这就是一个打卡的时代！

看到大学课堂里也出现指纹打卡机的时候，不知道多少上班族在痛快地欢呼——你们也有今天！全民打卡似乎成为了一种趋势，连听个歌，都能看到评论里每天排队"打卡"的身影。不过，再怒骂变态的打卡制度，大家还是为了全勤奖奋斗着，没人敢说不。能打卡不容易，且打且珍惜啊！

这时候总有人对古人羡慕嫉妒恨，你说古代有打卡机吗？会"刷脸"吗？他们有电吗？没有啊！这万恶的上班制度，在古代完全行不通，古代人逃班岂不容易？想想就羡慕得口水直流三千尺……

打住！你怎么知道古代上班族就不苦呢？把你丢到古代体验一遭他们的作息，保准你哭着喊着回现代，抱着老板的腿喊爸爸！

先看看古代公务员们的倒霉生活。古代人信奉"士农工商"的说法，奋斗一辈子当上公务员，是无数社会精英的最终梦想，没看到范进都因此乐疯了吗？可是，这公务员的待遇，怎么看怎么有点差劲啊！别说朝九晚五了，朝五晚九还差不多。春冬两季天气冷，衙门体谅公务员们在被窝里起不来，当然更重要的是古人也知道这时候太阳"上班"晚，就将上班时间推迟到了早上六点。没错，六点！那要是适合早起的夏秋两季呢？五点半，不好意思，不能迟到哦！

至于怎么看公务员是否迟到，古人也有古人的办法。在没法打卡之前，咱们还可以签到啊！要是谁哪天没能按时签到、无故旷工，这可不是简单地扣全勤奖了，直接就上大棒，先打一顿再说。

没错，罚款在古人眼里绝对是最轻的处罚，反正古代公务员的工资都不高，一家人要是靠工资吃饭，恐怕早就要饿死了。所以，罚款绝对不能让他们长教训，衙门就会视迟到的情节轻重，决定施以什么刑罚。严重的，流放也不在话下，直接把你踢到穷山恶水的山沟里"吃"自己去。

而且，考勤的规则也非常严格，尤其是天子脚下的京官。别看京官位高权重，日子混得还真不如地方官舒服。不能上朝还要写假条、提前通知，在"打卡"用的花名册上仔仔细细地写明原因，这才能过关。如果无故不去，那就是严重违纪，除非哪天皇上也想放假，金口玉言让大家不用上朝，这才能免了。

给私人打工就是这点不好，日常作息和休假全都得听老板的。尤其是，这个老板还掌握着你的生杀大权……

偶尔也有例外，比如台风、地震、大雪……总之，官员们要上朝就得冒着生命危险，这都不一定能按时到。这时不上朝也不会被处罚，毕竟老天爷都发话了，皇帝陛下也只能接受。

而且，不上朝还不代表"今天放假"，只是相当于免了"早自习"，该上的课还得上，该干的活都得做完，只是可以正大光明地迟到而已。

相对而言，地方官就幸福很多，毕竟都是一方父母官，头上少了好几座大山，想放松也没人管。但是这不代表地方官的上班制度不完善，对于这些没有皇帝监管的官员，有一套更复杂的"打卡"制度。

除了签到之外，还常常穿插着点名，搞得好好的衙门就像大学课堂。"点卯"这个词就是这么来的，因为点名签到的时间都规定在卯时，所以如此。卯时是现在的几点呢？早上五点到七点，这个时间段，哪怕是现在的上班族也应该在梦里呢吧。

不过，上有政策下有对策，"懒惰"这个习性也是一脉相随的，我们的老祖宗也不能免俗。很多朝代官吏管得不严格，就导致很多人见缝插针地偷懒。最简单的，也是现代最常见的"翘班"方式，就是签完到就走，只留人名不留人影，留下一个空荡荡的衙门。

这种情况连皇帝都很头疼，比如北宋的赵匡胤就曾专门针对所有的县令教育，让他们"勿于黄绸被里放衙"，也就是别表面上来办公了，其实在家里睡懒觉。虽然这种行为很不好，不过想象一下古代公务员的上班时间，还是挺同情这些县令们的。

为了防止这种"翘班"的行为发生，后来人们又发明了抽查，采取不定时、不定人的抽查点名，每天点好几次。一次没点到，就打竹板十下，两次就是二十下，三次……没办法，再一再二不再三，直接当作旷工来算。

如此看来，现代课堂上老师们点名的手段，其实也没多少创新，还都是从古人那里学来的呢！可见招数不老，有用就行，一个小小的点名，就能让一身懒病的你我重获新生，这也是中华传统文化的珍贵精华。

Question 3

那些令人肾上腺素飙升的问题

关于"偷肾"的流言是真的吗?

你听说过这样的流言吗?

某某村的某某,被偷走了两个肾!听说现在还在抢救呢!

不是吧?这么危险?不过……还抢救什么呀?

为什么这么问?

两个肾全没了,人还能活?

好吧,偷走两个肾确实有点夸张了,但这个流言还确实有人信。当然,我们智商正常的大多数人,听到的流言往往是偷走一个肾——看来偷肾的黑心医生也是挺有职业道德的,好歹还留条命。这样的流言从天南传到海北,只要你生活在这片土地上,所在的地方肯定有不认识的人被偷过肾。

这流言,是真的吗?

先不说为什么黑心医生总是照着肾下手,不考虑考虑其他的器官,就单单说这个流言,那可是历史悠久、源远流长,严格说来还是舶来品,最初的版本是从海外传过来的。

都说到这个程度了,相信你也听出来了,关于偷肾的那些流言,99%都是假话,剩下的1%也可能是误会。而且,其中至少有一半以上,还写着"转发起来提醒大家""不转不是中国人"等字眼。为什么?骗你转

Question 3　那些令人肾上腺素飙升的问题

发呗!

现在我们就来追根溯源,看看关于偷肾的这个故事,是怎么发展起来的。

啧啧啧,剧情跌宕起伏,内容丰富翔实,真叫人感叹世风日下、人心不古!不过,先等一等,这个故事怎么有点熟悉?

原来在1997年,一个偷肾的故事就已经出现在美国了。发生在新奥尔良的推销员身上,拨打的报警电话换成了911,肾的价格则是1万美元。看来谣言制造者还很注意信息的与时俱进,时刻更新着肾的市场价格。

当时,这个偷肾的谣言同样引起了人们的恐慌——看来美国人民在谣言面前同样坚挺不住,可见谣言的威力是无差别的、巨大的。当地的警察局至少接收了几十起关于"偷肾"的报警事件,最后证明全部是谣传。没办法,逼得警局专门在网上辟谣,以安定人心。

即便警察不断地辟谣,这个看起来十分"接地气"又符合人们担忧的故事,还是迅速地扩散并漂洋过海,最终来到了中国。可见人民群众的力量是伟大的,就算国家机器也阻止不了爱八卦的人们传播信息。

更有人表示,早在1991年左右,他们就听到过类似版本的"偷肾"故事。那最早这个流言是什么时候出现的呢?最初的版本又是什么样的呢?

关于"偷肾"的故事,最原始的版本应该发生在一个土耳其人身上,地点也不是美国,而是另一个半球的英国。那是1988年,肾移植技术看起来还很神秘的时候,一个神通广大的土耳其人不知道从哪个渠道得知,可以卖肾换钱。于是他联系了黑医生和贩卖器官的人,自愿卖掉一颗肾。

注意重点，这货是自愿的。可能肾源的需求者在英国，也可能英国的手术技术比较好，他们选择了在英国手术。谁知道都下了病床，土耳其人和器官贩子突然谈崩了，双方没能就卖肾的价格达成一致，这下就闹到了警察局。

这告诉我们，买卖前一定要先谈好价格，不对，是绝对不要做非法贩卖器官的事情。因为事发后，不仅黑医生、器官贩卖者被判刑两年，自愿卖肾的这货也被判了刑。

可能突然发现自己卖肾也犯了法，这个土耳其人后悔了，他开始在证词中为自己辩护。英国当局问他为什么来英国，他就说自己是来工作的，绝口不提卖肾的事情。那为什么会少了一个肾呢？据土耳其人的证词说，这跟他完全无关，他本来是去体检的，打完针后突然就昏迷了。等他醒来的时候，知道自己的阑尾被割除了。这也没什么，谁料三天后他才知道，自己身上少了一个肾，现在它正在隔壁病房的老王身上适应新环境呢！最后，土耳其人表示，自己也很冤，但是肾拿不回来了，只好收一点点金钱补偿。

在这份证词里，可怜的土耳其人就是一个糊涂的、悲催的受害者。虽然我们显然能看出他的话漏洞百出，但是架不住这样的"真相"听起来更轰动，于是他一下子成了媒体笔下的红人，这个故事也就在英国流传开了。

两年后，美国的一个电视剧中出现了这一情节。也许是没仔细地去英国了解一下这个新闻的真实性，也许是为了做噱头，美国人信誓旦旦地说这绝对是真实故事。得，这一下子戳中了爱猎奇的观众们的心，这个故事就再也控制不住地被口耳相传，越来越离谱。

这说明了什么？梗不在老，有趣就行。世界人民都爱八卦，一个

"卖肾"的故事,一样能传唱二三十年,还不断推陈出新。这个简单的流言之所以忽悠了许多人,就是利用了我们心中的恐惧,对于陌生人的恐惧,对于社会的恐惧以及下意识的悲观思维。如果不是这样,大家也不会对"偷肾"事件如此关注,又深信不疑。

葬礼上为什么要戴黑纱?

> 参加葬礼时,胳膊上为什么要戴黑纱呢?
> 也许是为了提醒别人,此人正悲痛,请务必绕行?
> 又或者……是有什么跟神鬼有关的特殊意义?
> 想到这里,突然感到一阵凉意……

葬礼上的黑纱,难道是什么鬼神的"本体"不成?我们每次参加葬礼,都要在胳膊上戴上一圈黑纱,对于这圈黑纱的来历,相信不少人都觉得奇怪吧!

在中国传统的丧礼中,似乎并没有见过戴黑纱这个环节。中国以白色作为哀悼的颜色,因此传统的葬礼上,亲人往往都穿白衣、头扎白色布条。所以丧事又被叫作"白事",这一身穿戴又被称为"披麻戴孝",是孝子贤孙送葬的必备制服。

然而现在,中国式的葬礼越来越少见了,人们开始青睐简单不失郑重的西式葬礼。

想想也知道,中国式的葬礼的确不适合现代社会。光是那繁琐的仪式就弄得人头昏眼花,仅仅是服丧的时间,就有"斩衰""齐衰""大功"等差别，对直系亲属的服丧要求又格外严苛。在古时候，还常有人在父母坟前"结庐三年"，以表孝道，放到现在合适吗？这种"送走了死人，再折腾活人"的仪式，渐渐就被人们抛弃了。

所以，如今的丧仪几乎是中西方结合，尤其是在葬礼上以"黑色"作为哀悼服色，更是典型的西方特色。同样，胳膊上戴黑纱也符合西方传统。

在西方的原始社会中，丧礼上一定少不了黑色，人们把它当作躲避死神的"伪装色"。如果家里有人去世了，死者的亲人就会迅速地寻找黑色的布匹、干草甚至泥巴，要么用黑泥涂满全身、裹上干草，要么就用黑色的布料把自己打扮成"阿拉伯妇女"，总之一定要裹得严严实实。之所以这样，是为了躲避来家中收割灵魂的死神，不让死神认出来。

这么简单的办法，这外籍死神也太好糊弄了吧？可是仔细想想，打扮成这副样子，就算死神见到了也要吓一跳，说不定还真有点用。

久而久之，这就成了西方人的习惯。尤其是贵族，更是把这一仪式发扬光大，在他们的葬礼上，家中的仆从都要穿上黑色的丧服，表达对自己死去主人的哀悼。

可是……贵族老爷们似乎忘记了一件事，只让仆人们穿上统一的黑衣服，可没给他们置办"制服"的钱啊！黑色的丧服价钱不低，而购买后又穿不了几次——要是没事就穿着丧服，恐怕立刻就会被无情开除，这不是诅咒家里死人吗？

所以，对待这种在金钱上粗心的主人，仆从也只能用粗心的态度对付了。一些仆从囊中羞涩，买不起黑色丧服，又不能不追悼主人，就采取了简化方式——在左臂上佩戴一块黑纱。这样不仅避免了"破产"的后果，也从烦琐的丧服中解脱出来，工作的时候方便了很多。

从黑色丧服到黑纱，这绝对是从中产到温饱的差距，支出一下子降了，又简单易行，迅速在仆人阶层推广开。后来，就演变成了普通民众共同的习俗，最终传遍了全世界。

可见，整个世界的风气都是"弃繁就简"，怎么简单怎么来。所以，接触到了这一简单仪式的中国人民，也迅速地将其推广了开来。到了现在，戴黑纱已经成了大家普遍认同的仪式，人们自然也就渐渐忘了，它是从哪里发源的。

为什么我们会害怕蛇和蜘蛛？

你会害怕蛇和蜘蛛吗？
当然。
不过……为什么会怕呢？
大概是葫芦娃里的蛇妖和《西游记》里的蜘蛛精太恐怖了。

我们害怕蛇和蜘蛛，大概跟蛇妖和蜘蛛精没什么关系，应该说正是因为我们害怕这些动物，才会塑造出这样两个恐怖冷血的妖精形象。可是，我们为什么会害怕蛇和蜘蛛呢？被蛇咬过？被蜘蛛毒过？不好意思，我连真蛇都没见过呢，蜘蛛的话……墙角那个直径在5mm以内的可怜家伙算吗？

所以，这种害怕往往是没有原因的，也许蛇和蜘蛛也很纳闷呢。想象一下这样的场景……

蛇：天啊！有个两条腿的大家伙看到我了……赶紧躲起来！

蜘蛛：他过来了！啊啊啊……我来不及钻到石缝里了！

蛇：咦，他怎么突然跑了？

人：妈妈，前面有蛇！！！

人、蛇、蜘蛛：吓死我了……

也许看到我们，蛇和蜘蛛更害怕呢！不过，这样的想法并不能给害怕这些家伙的我们壮胆，一看到蛇和蜘蛛，大多数人心里还是会生出厌恶和害怕的感觉。

之所以对这两个家伙的第一印象这么差，还要追溯到远古时候。可以说，就是因为我们的老祖宗把对它们的恐惧与厌恶写在了基因里，才会让我们变成敏感的胆小鬼。不要因此嘲笑我们祖先胆小，这样的基因才是在恶劣的远古时代成功存活的"保命利器"，是进化的标志。

在地球的历史上，有相当一段时期是爬行动物占据主宰地位，新生的哺乳动物处在食物链底端，为了能够生存下去并繁衍后代，不得不提心吊胆地生活。根据瑞典心理学家奥赫曼的说法，正是因为当时的人类祖先已经对爬行动物养成了条件反射式的惧怕与警惕，才会导致我们现在有恐惧的心理。

这种对天敌的恐惧之心，可以决定人类祖先在危险时刻的反应，因此，拥有警惕心的个体更容易存活，这种反应就作为"物竞天择"的基因被流传了下来。这很容易理解，就像昆虫在面对天敌鸟儿的时候，能够迅雷不及掩耳地使出装死的绝招，这难道是它们跟虫界影帝学习的吗？显然不是，这是昆虫一代代的实践后刻在基因里的反应，是天生的保护动作。人类怕蛇和蜘蛛，也是如此。

你可能会认为，这是奥赫曼自己天马行空的想象，是关于远古时代不切实际的猜测，但是他的结论却得到了业内大多数人的认可，因为奥赫曼是个很有心机的家伙，不仅会猜，还懂得让事实说话。他邀请了很多大学生来参与自己的研究，让他们单独在屋子里观看各种图片的幻灯片——当然，里面肯定掺杂了"私货"，蛇和蜘蛛是少不了的。奥赫曼让实验者在看到某种图片时按下手中的按钮，通过观察这些人看到图片时的反应，来测定他们当时的心理状态。

这些实验者相当一部分都是心理学专业人士，按理说应该是最懂人类心理也是最不容易失态的人，他们肯定能在奥赫曼设下的"考验"面前挺住吧？并不是。每一个实验开始前在调查问卷上写下自己害怕蛇和蜘蛛的人，在看到蛇与蜘蛛的图片时，反应速度总比看到其他图片时更快，这种细微的差别只有机器可以记录下来。

这就是祖先送给我们的礼物，能够在自己害怕的事物面前保持快速的反应，就能更及时地躲开它们。哪怕人类现在已经是地球的霸主了，可是这段"黑历史"是无论如何抹不掉的，因为它们都写在大家的基因里了。

别觉得这种恐惧是种丢脸的事，用奥赫曼先生的话说，你得感谢这种反应，因为人类从猿到人的进化中，不断地被蛇、蜘蛛这些有攻击力、有毒的家伙欺负，只有那些敏感的、会害怕的个体才能更加迅速地避开攻击并活下来。在产生害怕心态的时候，你会明显感觉到血液循环加快、呼吸粗重，甚至瞬间出一身汗——也就是俗称的冷汗，好像一下子跑了好几千米一样，这都能让我们在害怕的时候更快地做出反应，要不怎么会有爱美的姑娘通过看恐怖片来减肥呢！至于那些不怕死的初生牛犊，这辈子也只能是牛犊了——因为它们早就被进化淘汰，根本没成长起来。因此，我们完全可以高呼"害怕有理，胆小无罪"！

所以，害怕蜘蛛和蛇是一件非常正常的事，就像有很多人还会害怕闪电、细菌甚至黑夜一样，人类的恐惧总是五花八门的。不过，他们自己或者祖先到底是遭遇了什么惨痛的事件，才会对那些古怪的东西产生恐惧呢？想一想，实在是令人同情啊！

为什么我们会有密集恐惧症？

有一个患有密集恐惧症的朋友是个令人苦恼的体验：
吃个火龙果？
快拿走，这是什么恐怖的食物！
那吃个芝麻烧饼？
No，说实话，你是不是来害我的？
那吃个木瓜……先放下刀，有话好好说！

没错，就连在"今天吃什么"这件事上，他们都可能遇到让自己毛骨悚然的大敌，好像这些美味的食物能要了自己的命一样。究其根本，还是因为有密集恐惧症的人都是一群"颜控"，看到密集的图案就会产生不适感。

这种感受，就连普通人也常常出现，因此我们经常看到一个个生活中看似正常的家伙高呼自己"密恐"了，好像不"密恐"一下，就要被人踢出时尚圈一样。"密集恐惧症"真的有这么普遍吗？是不是人人都需要去医院看一看呢？

如果你有这样的想法，那只能获得一个遗憾的答复，那就是医生可能也没办法。因为直到现在，"密集恐惧症"这个词汇还没有成为正式的病症，它来源于一个网友的脑洞，目前也只在网络上被人熟知。离开了网络的一亩三分地，就连医生也对你束手无策。

这让人十分无奈，因为我们看到密集的图片，确实会产生难以表述的不适感啊，这总不能是自己臆想的吧？对这个问题，一位埃塞克斯大学的教授一直想弄明白。

他发现，很多人都坚称自己患有密集恐惧症，只要看到密集排列的、个头很小的东西，就会产生恶心难受的感觉，看的时间长了还会觉得头晕、背后一凉。教授没把这当成一个愚人节的玩笑，也没有追究这群家伙为什么这么无聊，明明害怕还要盯着看那么久，反而感到十分好奇，所以他就发挥自己研究人员的特质，对这个好像网友开玩笑的病症进行了研究。

他找来大量的图片，对有密集恐惧症的人进行了测试，在其中找出了76张让人感觉不舒服的图片，另外又选出76张图案密集但是没有被人恐惧的图片，想要通过对比找出结果。我们可以发现，密集恐惧症患者并不是对所有密集排列的东西都害怕——不然他们也不要活了，看一眼自己的头发就要昏倒。他们害怕的事物有一个共同点，就是颜色对比比较强烈，并且在空间内通过特定的规律排列，同时十分密集。

研究人员发现，一些自然界中的危险动物也是这样，长着一副密集恐惧症看了就要昏倒的样子。不信你看看深海里剧毒的鱼类，再看看雨林中七彩斑斓的各类爬行动物，保管让自己分分钟密集恐惧症发作。所以他们认为，正是因为危险的动物有这样的特性，才让人们看到密集的图片感到不舒服，这是本能的厌恶和紧张。

这么看，密集恐惧症还真不能算是疾病，而是一种"特异功能"，在野外探险的时候带上一个密集恐惧症患者，说不定就是危险生物探测雷达，安全度瞬间提升好几倍呢。不过，密集恐惧症的人群似乎也有不同的划分，有的人害怕凸起的密集事物，比如莲蓬之类；有的人则害怕凹陷下去的，还有的人更可怜，就算平面的密集图案也一样恐惧，总之他们的内部还有好几个"帮派"，看起来也并不简单。所以，就算探险的时候要带密恐患者同行，恐怕也得带上不止一个。

当然这是个玩笑，而这种解释现在也还不能确定。但是我们可以确定一点，密集恐惧症绝对不是一种哗众取宠的臆想，在搞清楚它怎么解决之前，大概患密集恐惧症的人们还要过上很长一段"不一样"的生活。

如果背后有人看着你，你能感觉到吗？

如果有人在背后盯着，你能感觉到吗？

别吓我，我后面没人！

就算有，我又不是能转头360°的猫头鹰，怎么能感受到？

还别说，如果别人总是盯着我们，有时我们的确能感受到。这是一种非常奇妙的体验，因为每个人都很清楚自己的背后没有多长一只眼，脖子也不能扭动一圈，但却对别人的视线特别敏感。这种体验你是否也有过呢？

如果有，不用激动，这不是有了特异功能，你也没变成能飞天入地、眼中"biubiu"射出光波的超人，更不是一种灵异现象，而是被称作"凝视感知"的正常情况。也就是说，只要不是神经大条、毫不在乎周围环境的粗心家伙，普通人都可能有这种体会。

能够不用看、不用听就知道后面有人在盯着自己，一般有两种原因。一种是你本身十分警觉，放在原始社会绝对是放哨的好苗子、警惕的好猎人。这种警觉性可能是先天的，就像野生动物总是天性灵敏一样，人类的本能虽然有些退化，但是警惕仍然深刻在基因中。大概是原始社会里，我们的祖先常常被野兽这样盯着看，早就养成了"有视线盯着背后就毛骨悚然"的习惯，所以将这种警惕留给了我们，才会显得非常警觉灵敏。

当然，哪怕你天性不够警觉，也可以在后天得到培养。经过长期训练的战士、警察等特殊职业者，就比一般人更容易感受到来自背后的视线。一些资深警员甚至能通过别人看自己的眼神来分辨对方的身份，对视线的敏感程度可见一斑。所以，先天不足的朋友也不用担心，后天多练习，你也可以获得"后背长眼睛"这个技能。

还有一种原因，就是盯着你看的那个人，一直吸引着你的注意力。如果你一直跃跃欲试，做着与对方交流沟通的准备，并且时刻将自己的注意力放在对方身上，这时对方在背后盯着你看，你也比较容易感受到。这一点，有暗恋对象的人一定格外明白。当你把你的注意力全都放在男神/女神身上的时候，别说对方是从背后盯着你了，就算是从千米之外往你这边看一眼，你都能格外敏锐地抓住这个视线。我们把它称为，暗恋者的第六感。

当然，对于背后视线的敏锐程度也是因人而异的。如果是不太注意周围环境的人，感受到背后视线的概率就比较小。极端的如自闭症患者，你就算当着他的面盯着他看，他说不定都能无视你，因为人家就活在自己的世界中自娱自乐。而社交恐惧症患者则相反，由于极其在乎周围人的看法，会对别人的视线特别敏感，基本上多看他们几眼，他们就会紧张半天。

关于神奇的"凝视感知"有很多种解释，灵异的说法显然不适用于我们这些社会主义的接班人、唯物主义的继承者，而最科学、最有道理的解释是，我们之所以能感受到背后的视线，是因为身体感受到了环境里的细微变化，而我们却不清楚而已。就像我们常说的"第六感"，其实就是我们通过观察生活中的蛛丝马迹得出的结论，只是这些意识太细微了，没能留下清晰的印象，才会让人觉得是毫无理由的。

所以，在别人从背后盯着我们的时候，可能我们已经从余光看到了，从身边的气氛变化中感觉到了，这些细微的变化不足以引起我们的注意，但是大脑——这个人类到现在也没能开发十分之一的神秘器官——已经注意到了，并且迅速反馈给了身体。

没错，完全有可能是我们的大脑在帮这个忙，它每天任劳任怨地处理着生活中大量的信息，并在我们毫无意识的情况下反馈给我们的身体。帮我们感知到背后的视线对聪明的大脑来说，是一件完全有可能、非常简单的事。别怀疑，你的大脑远比你以为的聪明得多。

败给自己的大脑，好像也不是一件丢人的事情。

当然，有时候背后的视线也可能是一种巧合，直白点就是我们"自作多情"。人类是一种十分好奇的动物，周围有什么东西突然活动，我们就会下意识地去看那个方向。所以，如果我们自以为有人从背后盯着自己，就大幅度地转头去看的话，很可能刚巧吸引背后的人，让他们在此时看向这里——这样一来就造成了巧合，很容易被我们误会对方一直盯着自己。

不管怎么看，"觉得背后有人在看自己"都像是一个心理学问题，而且人们到现在也没有确切地找到原因。但是，这似乎并不妨碍疯狂的科研人员利用它造出新发明，事实上现在的人工智能已经运用了"凝视感知"，谷歌眼镜就是其产物之一。这才是人类真正的智慧，哪怕还不知道原理，却已经能运用了。

子弹射入人体后会发生什么？

被子弹射中会怎样？

在普通剧情里，对方不死即伤，死前的遗愿还说不完；

在枪战剧情里，不好意思，能轻易被射中还是主角？

总之，被子弹射中的反应，似乎根据电视剧的不同演绎而出现不同的结果，这就误导了广大观众：到底我们是那个一中弹就死的脆皮小人呢，还是那个千锤百炼的顽强斗士？好像活在不同剧情里的是两个物种一样，面对子弹的反应完全不同。

如果你也以为自己像抗日奇侠一样神勇，那就太高估自己的承受能力了。事实上，在子弹面前，我们可能比电视剧里的炮灰更加脆弱，这些热武器会用实际的杀伤力教育你，别轻易低估它们。

哪怕你中枪的部位是最安全的胳膊，你也不会像电视剧中的英雄一样灵敏地到处乱晃,还能几枪干掉旁边的罪犯成功展现自己的勇猛。因为子弹不会只在你的胳膊上留下一个小小的弹孔,它在穿透胳膊的过程中,造成的创口将越来越大,基本上能够打飞你的半条胳膊,完全不费劲。

这时候,还是赶紧捂着胳膊叫"救命"比较实际,因为不赶紧送医院,死神就在向你招手。

那穿上防弹衣是不是就没问题了?不好意思,防弹衣不是安全铠甲,就算杀伤力再差的子弹,打中防弹衣之后也得让你断几根肋骨,更别提近距离机枪扫射的威力了,分分钟要命不客气。AK47应该人人都听过吧?被这个"老朋友"打一枪,子弹进入身体的时候会造成一个小小的弹孔,但是穿出身体的时候,就会让你切实地体验一下"碗大个疤"是什么情况。

这个"碗"到底有多大?

请注意,这不是指你家的碗,而是兰州拉面店的碗。

没错,就那么大,希望下次吃面的时候你还能保持愉快。

如果这样说还不够清楚的话,我们就用确切的数字让大家切身体会一下枪弹的威力。假如一颗7.62毫米的步枪子弹射入我们的身体,速度在850米/秒,威力会有多大?首先,穿入身体的部位会留下一个子弹直径稍大的小口,不会超过1厘米,表面上看问题不大,就是血流的有点多。但是你的身体却会感受到巨大的痛苦,因为子弹在穿透脏器的时候,就像带着冲击波一样具有强大的力量,内脏就像经历地震一样。这股"冲击波"在冲出体外的时候,还会造成一个巨大的伤口,这次可以不用

"兰州拉面店的碗"来描述了,我们有确切的数字——12厘米以上,请自行度量它的长短。当然,你倒是不用担心取弹片的痛苦了,因为子弹会以近570米/秒的速度毫不留情地离去,说不定还能再照顾一个倒霉蛋。

被暗杀的美国总统肯尼迪,就是倒霉地被这样一颗子弹打中了脑袋,失去了几乎三分之一的头盖骨,结束了肯尼迪家族的辉煌。一颗子弹的威力,足以想象。

那被小口径的子弹射中,是不是危害就会小一点呢?子弹可不是越小杀伤力就越弱的,越是小口径的子弹,打中身体后造成的"碗口"就越大,在体内造成的空腔越大。这种好像绞肉机过境的场面,我们还是不要仔细描述了,以免造成饮食障碍。

之后我们的身体还会发生变化吗?当然,身上都留下这么大的疤了,还是穿透式的,怎么会没有后续问题。首先,流血是必然的,如果子弹正好经过了动脉,那你将看到一场自然的"喷泉表演",在心脏敬业的工作之下,压力会使血液从创口喷射出来,甚至能一直溅到10米之外,让周围变成车祸现场。

而中弹倒地后,失血的速度是很快的,几秒钟之间就可以让一个人因为失血而死去。特别的是,在死亡来临的时候,男女不平等将表现得特别明显,女性失血1 000毫升即会陷入濒死状态,而对男性则不公平得多,只要失血超过400毫升就可能面临相同状况。也就是说,一次献血的两倍量即可危及生命,广大男同胞们就算哀叹命运不公也没用了。

濒死的状态十分危险,因为身体会逐渐松弛、变凉,甚至可能因为肌肉松弛而出现大小便失禁等问题,此时的现场肯定更加无法直视。所以,如果你热爱生活,一定要珍爱生命,要是你恰好还有洁癖,就更要保证自己离子弹远一点了,你一定不想面对那样不体面的状况。

这才是子弹真正的威力，这也是为什么我们反对战争、热爱和平的原因。因为战乱是危险的、残酷的，也是肮脏的，让一个鲜活的生命在几秒钟消亡，是一件再简单不过的事情。爱惜我们的生命，向枪械与战乱说"不"吧！

看恐怖片真的可以减肥吗？

听说看恐怖片能减肥，你敢试吗？

这还是真是一项胆大者的减肥活动。

这年头，连减肥都得胆大包天、心狠手辣了。

做女人，不容易啊！

对于大多数女性同胞来说，生活除了"逛吃逛吃""买买买"的幸福主题外，还有一个恒久不变的话题，那就是"减肥"。甭管看起来多么纤瘦的姑娘，内心都有一个穿上更小码衣服的梦想。减肥成了她们奋斗终身的目标。

你永远不会知道一个减肥的女士能有多少种"花招"，从节食健身到药膳调理、从针灸按摩到抽脂塑形，甚至各种各样听起来就非常不靠谱的办法，她们都能拿来一试。最近，就有一个"看恐怖片能减肥"的说法在女性朋友圈中流传着，不少胆小的姑娘鼓起出生以来最大的勇气，想要挑战这个传说中简单快捷的减肥法。

Are you kidding me?

不，这绝对不是一个玩笑。事实上，这个减肥法还真不是民间土方子，而是从英国流传来的"洋玩意"。根据英国《每日邮报》的一篇文章介绍，科学家发现当我们观看恐怖片的时候，会因为恐惧而出现心跳加快、代谢增速的状况，从而消耗大量的热量，达到减肥的目的。先不考虑看恐怖片的减肥法能不能顺利实施，理论上，这的确是可行的。

这群脑洞大开的古怪科学家来自威斯敏斯特大学，他们不仅提出了这个令人十分惊奇的想法，将"恐怖片"与"减肥"两个风马牛不相及的词语联系在了一起，还进行了相对严谨的测试。他们找到了十几个志愿者，在志愿者观看恐怖片的时候对他们进行检测，以此来测定他们消耗了多少能量。

一部恐怖片的时长大约是90分钟，志愿者平均消耗的能量是113卡路里。这是什么概念呢？等同于他们散步了半小时，也相当于一块巧克力棒的热量。窝在沙发上老老实实看恐怖片，就能等同于半小时的运动，的确是很划算的事。不过，如果你按照平时看电影的习惯手拿爆米花，嘴里嚼着薯片，甚至仅仅吃上一根巧克力棒，都有可能让自己的努力功亏一篑。

所以，想用恐怖片减肥，也不是那么舒适的一件事。而且，"恐怖片减肥法"是个十分公平的减肥方式，越是吓人、令人恐惧不适的影片，减肥效果越好，所以想偷懒找些"恐怖喜剧"充数是不可能骗过我们的身体的。据调查，人们在观看著名惊悚片《闪灵》的时候，消耗的能量达到了184卡路里左右——当然，越胆小的人消耗得越多，而看《大白鲨》时，就降低到了161卡路里左右。总之，根据内容的不同，消耗的能量也是有差别的。

因此，想真的以此减肥，就必须狠下心来吓唬自己。那么，这在实践中真的能做到吗？爱美的女孩也许会一咬牙、一跺脚，下决心说一声:"我能!"不过我必须得说,姑娘们,先问问你的小心脏能不能承受再说吧。

前不久,武汉就有一位姑娘将减肥的希望寄托在了"恐怖片"身上。大概是对自己的胆子太有信心了,也可能是减肥的心态极为迫切,姑娘一连看了好几天恐怖片,堪称是位敢对自己下狠手的成功女性,结果……减肥的效果没看出来,精神恍惚的结果倒是很明显。这位姑娘最初的减肥目标都快被吓忘了,反而入戏太深,整天失眠,觉得自己被"鬼上身"了,这叫什么事呢?

所以,看恐怖片减肥理论可行,实践起来却不简单啊!我们的身体可不是一具无病无灾的坚硬铠甲,更何况铠甲用久了还有磨损呢,身体更需要精心的呵护。偶尔看一次恐怖片,都会有胆小的人被吓进医院,更别说靠着长期看恐怖片减肥了。为了不给医生添麻烦,大家还是别想这件事了。与其窝在家中,还不如真的出去走走,更加健康。

睡觉时动不了,难道真的是"鬼压床"?

你有没有睡觉的时候被"鬼压床"过?
就是睡觉时无法指挥自己的身体,想动也动不了。
哦,有啊,每天早上要起床上班的时候。
这……

对于爱赖床的人来说,恐怕每一个早起的早晨都要经历一次"鬼压床",来一次意识与身体的抗争。不过,真正的"鬼压床"可比早上赖床令人觉得恐怖多了，它可能发生在刚睡着或者要清醒的时候。在这个特殊的阶段，我们偶尔会感觉自己的意识十分清醒，可是身体却像睡着了似的，根本不听从意识的指挥。就好像灵魂被锁在了身体里，想动也动不了，想说话也说不出，怎么挣扎都无法清醒。

于是就有人说，这是"鬼压床"，是有鬼怪压在身上了。听听这名字就让人觉得毛骨悚然，而且这奇特的感觉，还真让人忍不住往鬼神方面去想象。要是个爱开脑洞的人遇上这等情况，恐怕就能让自己的想象力给吓个半死了。

"鬼压床"真这么可怕？
那都是封建迷信的说法，
你要是信了，还好意思称自己是社会主义的接班人吗？
下次枕边放一本无神论类的书，默念"我是唯物主义者"，
保管牛鬼蛇神全都退散！

事实上，我们还是得相信科学的解释。"鬼压床"的专业名称是"睡眠瘫痪症"，只是改一个名字，是不是立刻就散发出了科学的光辉、让人不再害怕了呢？这种症状在医学上早有解释，因为人们在刚睡着和要清醒的时候，处在浅眠的状态，这被称为"快速动眼期"，顾名思义，就是眼球可能还在不老实地快速运动着，但是身体各部位已经接收到了"休息"的信号，进入罢工状态。

这时候，身体大部分肌肉都会进入松弛状态，除了眼肌之外，只有呼吸肌还在认真工作——如果它也罢工了，大概我们就要去医院旅行一圈了。这就是身体的聪明之处，不仅可以得到充分的休息，也能防止

我们无意识中做出伤害自己和他人的动作。毕竟，谁也不知道自己在梦里可能跟谁打架，万一打得激烈了，把现实生活中的枕边人揍飞了怎么办？这种处理办法，就从根本上防止了一场家庭暴力事件的发生，更有利于家庭和谐。

但是此时，活跃的大脑可能因为白天的兴奋，还没来得及"收工睡觉"，于是我们的意识就会显得格外活跃，而身体则因为过于松弛而无法活动，没办法听从指挥。发现自己突然"瘫痪"了，一般人都会感到十分害怕，这种恐惧就容易引发各种幻觉，让我们清醒之后更加后怕。

事实上，就是自己成功地吓唬了自己一回。

睡眠瘫痪症并不是一个稀奇的症状，至少超过一半的人都有幸能体验一把，感受一下跟"鬼神"接触的兴奋。当然，没体验过的人也不用遗憾，这反而证明了你的压力比较小、作息更加健康。

因为睡眠瘫痪症的出现，跟生活压力、作息规律息息相关，尤其容易出现在年轻人身上。年轻人精力旺盛，意识比一般人更容易兴奋——也就是喜欢胡思乱想，要是再有点熬夜、失眠的习惯，就很容易在夜晚跟睡眠瘫痪症来一次亲密接触。

遇到"鬼压床"也不必害怕，我们可以迅速地从这种令人恐惧的"瘫痪"状态下恢复过来，毕竟谁也不想过早地体验一把卧床不起的感受。首先要快速转动眼球，因为眼肌肯定是还坚挺在第一线工作的"劳模"，由它的动作来带动面部肌肉运动，比如嘴巴、舌头、下颚等，渐渐地向下运动自己的脖子、胳膊、腿等。这样，身体很快就能恢复过来。

所以，"驱鬼"的办法就是这么简单，只要转转眼球，连咒语都不用念了。如果你还是担心，那就在枕头下放本无神论类的书吧，保准一夜睡到天亮。

只要"鬼压床"出现的次数不多,一般不会对身体有什么影响。当然,如果它过于频繁地出现,就很可能预示着我们的身体出了什么小问题,这时候还需要早日寻找医生的帮助。注意,我们说的是正规医院中有执照的医生,而不是流窜在各个地方俗称"神婆神棍"的驱鬼大师,千万不要找错了人。

新鲜牛肉为什么会跳起来?

你见过新鲜的牛肉还会跳动吗?

这是怎么回事?难道是牛肉活了?

这是一头生前喜欢运动、跳广场舞的时尚牛?

不,这只能说明牛肉还很新鲜。

一块牛肉竟然能跳动,看起来比它生前更加活泼,可不是新鲜得不能再新鲜了嘛!这种神奇的场景甚至会让我们产生一种错觉,这块牛肉是不是什么外星生物伪装而成的、是有自己的生命的?好吧,这样的脑洞的确有点大,因为会跳的牛肉,还真是一件稀奇的事。

如果你经常从摊位上购买刚屠宰好的新鲜牛肉,迅速地拿回家切开烹饪,就可能会遇到这种情况。特别是牛身上最坚韧的腱子肉,在切的时候跳动得更为明显。别害怕,这不过是正常的肌肉颤动,因为神经的生命力可比生命本身要顽强多了。哪怕牛已经被宰杀,肌肉内部的神经、肌细胞等,还会保有一定的活性,并且能够控制肌肉跳动。对于神经来说,这不过是它每天的正常工作,虽然它的总部——大脑已经被剿灭了，但是还没收到大脑罢工的消息，它就要照常工作，不是吗？

这样想，神经就像个普普通通的基层员工一样，它的行为也就没什么特别的了。实际上，早在两百多年前，人们就开始研究这个现象的成因。

大概是牛肉跳动的现象不太明显，粗心的人们并没有从它入手开始研究，而是被更加敬业表演的青蛙腿吸引了目光。能够让活着的青蛙跳到比自己身高几十倍的高度，青蛙腿的力量绝对不能小看，哪怕在剥离下来之后，一样能在刺激之下明显地收缩弹动。意大利的一名医生路易吉·伽伐尼就发现了这一点，在实验时，他无意间用金属棒触碰了新鲜的青蛙腿，发现它们在不断地收缩，就像活着一样。这让伽伐尼非常感兴趣，他认为是电在让青蛙腿收缩。这个奇怪的、会对青蛙腿感兴趣的家伙从此打开了新世界的大门，发现了生物电，并被称为"生物电之父"。

虽然不是"青蛙腿之父"，但伽伐尼对青蛙腿的关注可一点都不少，他就坚定地认为电是青蛙腿产生的。这一点并没有得到他的老乡、物理学家亚历山德罗·伏特的认同，伏特觉得正是被伽伐尼忽略的金属产生了电。后来的事情就不必多说了，伏特制作了最早的化学电池，被称为"化学电池之父"，他的名字也成了电压的单位，从此成为广大学子心中的"神"。

这两位伟大的"父亲"做出的贡献暂且不提，后来的人们还在一直重复着青蛙腿的实验。人们已经发现，虽然导电的是金属，但是青蛙腿之所以能够继续收缩动弹，少不了肌肉神经的作用——肌肉神经还在苟延残喘着，继续认真地工作。

这一点，牛肉的跳动其实要比青蛙腿差多了。因为冷血动物身体的某部位坚韧程度要比温血动物强悍不少。不信你看，海鲜市场里的鱼被宰杀之后，心脏在垃圾桶里还能接着跳半天，一副随时准备接受移植手术的健康样子；不知道什么时候被砍下来的蛇头，还有可能在死前再辉煌一次，试图通过咬人上电视新闻。再加上从两百年前就被选为最佳实验材料，一直跳动到现在的青蛙腿，冷血动物的表现完胜温血动物。

所以，跟这些彪悍的动物们相比，你家案板上的牛肉就算跳两下，也完全不是什么大事。至少它不会跳起来咬你，不是吗？

为什么被雷劈死的大部分都是男人？

> 听说男人总是比女人更容易被雷劈？
> 是不是因为他们爱吹牛，
> 还爱说"我如果说谎，就天打雷劈"，
> 所以上帝就满足了他们的愿望呢？

不知道是不是上帝听到了男人们信誓旦旦的誓言，想要恶趣味地满足一下他们的愿望，所以才导致被雷劈死的男人比女人更多，反正事实的确如此。仅在美国的统计就表明，被雷劈死的人中男性占据将近80%，近些年更是几乎全为男性。看到这个新闻，广大男同胞是不是背后一凉呢？别着急，男性更容易被雷劈也是有原因的，找到原因就可以对症下药、远离被雷电劈焦的命运了。

雷电更偏爱"男"这个性别，不是因为男性普遍比女性高——区区十几厘米对雷电来说完全没有差别，而是因为男性更"蠢"一些。没错，雷电更爱劈蠢货，而男性中的笨蛋好像更多一些。

这么说可不是对男性的攻击，而是有理有据的分析。根据美国国家气象局提供的数据，自2006—2014年间，美国共有261人被雷电劈死——当然，被劈了没死的还有更多，而其中211个都是男性。

他们到底在做什么天怒人怨的事情，才会这么巧地被雷劈死呢？根据统计，这些被雷劈的家伙都有一个共同点，那就是比较爱"作死"，在可能有雷雨天气的情况下，不但不乖乖地待在家中，反而热衷户外活动。其中，有将近30人是因为打雷时正在钓鱼而被劈，又细又长的钓竿简直就是一个天然的野外引雷针啊，不劈你们劈谁？而另有43人则是因为野营、划船和海滩游玩而不幸被雷劈中，想想也实在是倒霉的事。所以，爱玩的各位一定要记好了，在雷电天气千万别冒险去外面玩耍，来一场幕天席地的淋浴倒还是小事，可能一转眼你就变成一坨烤肉了。

安全专家约翰·杰森尼尔斯就认为，男性之所以更容易在这种情况下被雷电劈中，很可能是因为他们喜欢户外活动，当然，也跟他们过于高估自己的智商有关——也就是俗称的"犯蠢"。男性喜欢户外运动很容易理解，毕竟很少有女性能喜欢冲浪、钓鱼、野营到了宁愿冒着雷雨也要去玩一玩的程度，所以在雷电下"作死"的人多半都是男性。

除此之外，还能让男性受到雷电特殊照顾的原因就只有一个了——"因为你傻啊"！说直白点，就是因为男人们总是对自己太有信心了，相信自己带着一股"王霸之气"，是雷电绝对不可能劈中的幸运儿。这种侥幸心理让他们对雷雨天气下的安全常识也不怎么了解，因此更容易犯下致命的错误。

事实上，只要掌握了足够的安全常识，被雷劈中的概率的确很小很小。科学早就证实了这一点。在20世纪中期，人们开始学会预防雷击，此后每年被雷劈死的人数直线下降，如今更是降低到了当时的二十分之一。所以，跟在"科学老大"的身后，乖乖地被它罩着，绝对不会有被雷劈的危险。

可惜，有些男性的侥幸心理却占了上风，他们不了解雷电的危险，自然不能在这种天气以最快的速度躲避好，因此更容易被劈中。

被雷电劈中的概率那么低，不用害怕那么多！

可是，我想说……

说什么？

上一个被雷劈的家伙就是这么说的。

被雷劈的概率的确不大，不过，如果你真的这么想，还专门去给雷电"送人头"，那你就有可能因为自己短暂的一生和离奇的死亡经历登上书本，成为"教科书式的蠢货"了。这不，2013年被雷劈死亡的23个男性中，就有两个是因为在雨天站在大树下而倒霉的。雷雨、大树，这两个关键词放在一起，连小学生都知道该如何选择——当然是远离大树！可是他们还是敢于挑战，由此可见，说他们"傻"也不是没有理由的。

各位，平时蠢一蠢也就罢了，千万不要在雷电面前暴露自己的智商，否则后患无穷啊！

非正常人类最关注问题集锦

飞机上的排泄物都去哪了？

过去火车上的排泄物都是直接排在铁轨边，
那飞机上的呢？
难道飞机也能一边飞、一边掉落各种粪便炸弹？

关于过去火车上的排泄物去哪了，相信大家只要坐过车、观察过就有结论，它们会落在沿途的铁轨边，最终化作天然粪肥。但是，万米高空中的飞机，又是如何处理这些粪便的呢？这对很多人来说，就是一个未解之谜了。

载重量有限的飞机可谓"寸土寸金"，连旅客的行李重量、大小都有严格的限定，怎么可能带着毫无用处的排泄物飞过全程呢？所以不用怀疑了，飞机处理排泄物的方式，的确跟火车有着异曲同工之妙，那就是——在半途直接丢掉。

天降"大粪雨"真有可能出现？
以后我再也不说"看，飞机"这句话了，
看飞机有风险，且看且珍惜！

还别说，类似的新闻的确真实出现过。在2013年的冬天，我国上海的某个小区居民就曾遭遇过百年难遇的"天降大粪"事件。这些居民当时就蒙圈了，心中有一万头都不止的羊驼奔腾而过。思来想去，他们发现最有可能的嫌疑人就是当天飞过社区的飞机。

除此之外，2014年，新西兰也发生过这样的倒霉事。主人一大早打开家门，就发现外面的小路、私家车甚至是屋顶上，都沾着可疑的"金坷垃"，简直让人忍不住怀疑人生了。而这个小区恰好处在奥克兰机场的航线下，他们就认为是晚上路过的飞机悄悄地留下了这份"惊喜"。

真不知道是白天刚好被淋一身更倒霉，还是一觉起来发现外面的世界大变样更令人同情。不过，这真的是飞机的恶作剧吗？我们还是来好好了解一下飞机处理排泄物的方式，再来下定论吧。

如何处理排泄物，是飞机制造者一直头疼的问题。20世纪中期，飞机里连厕所都没有，排泄物可能被装在各种容器里，直接顺手丢出窗外。据说"二战"时期，飞机上就会有一个专门负责"倒马桶"的机员，人工处理排泄物。还有的研究则认为，飞机上有类似抽水马桶的漏斗，只不过它直接用管子通向飞机外部，连"冲水"的过程都不必有，机舱内外的压力差就可以将排泄物直接"抽走"。想一想，这样也是十分炫酷的事，只是下面围观的群众就有可能倒霉了。

为了避免这种天降大粪的事件，后来人们就研究了"化学马桶"，开启了飞机上有正规厕所的历史。飞机上的马桶科技含量那是"杠杠的"，跟家用马桶有很大差异。比如我们在家中使用的虹吸式马桶，通过水槽吸水来带走排泄物，这放在飞机上就不太合适。要是飞机剧烈地颠簸，厕所里岂不是甩得到处都是水？别的不说，水槽里没水了，冲厕所就成了天方夜谭。所以，飞机的马桶配备着特殊的电动泵，只有冲洗马桶的时候才会有水流出，脏水也会被运送到存储池里。这样，飞机终于不用边飞边"排泄"了。

但是这就有一个问题，每次冲厕所的时候都要消耗大量的水，导致飞机从起飞到降落，都必须带着大量的冲厕水，导致飞机负荷很大，能搭载的乘客就变少了。而且这种特殊的冲厕水还是蓝色的、有除臭效果的液体，里面有大量的漂白粉，对人体刺激性很大。也就是说，在飞机上上个厕所，还要冒着皮肤受刺激、双眼流泪的危险。

所以，看到有人从厕所里热泪盈眶地走出来，可千万别误会他是被马桶感动的，那绝对是生理性流泪啊！

更倒霉的是，这些蓝色液体还很容易泄漏，常常流到飞机外部，又因为高空的低温而被冻成冰，包裹在外面。远远看去，就像飞机上被冻了一层蓝色外壳一样，谁能想象这是冲厕水和粪便的混合物呢？而一旦飞机快要降落，它们就会融化、从飞机上剥离，然后——掉落在地。

这种蓝色的、可能带着奇怪气味的"冰雹"，不止一次砸坏过无辜路人的汽车、砸穿过倒霉孩子家的屋顶，甚至还可能砸到某些人的脑袋，造成致命的威胁。一直到2003年，还有不少这样的新闻被报道，这威胁力可比过去"天降粪雨"的时候大多了。

为了防止无辜路人再次中枪，人们锲而不舍地研究飞机上的马桶技术，最终出现了现在常用的马桶系统——真空马桶。这种马桶相当于是老式马桶+吸尘器的强强联合，里面藏着一个神奇的吸尘器，可以先把粪便直接"吸走"，然后再用少量的清水冲洗内壁即可。忘了说，连马桶的内壁也是特制的，别看它一辈子都只能跟粪便接触，用的却是高级的不粘材料，保证不会有零星的"金坷垃"粘在上面，有碍观瞻。

因此，这样的马桶就比过去省水多了，飞机上的冲厕水也就少了很多。飞机会将这些污水和秽物保留着，一直到降落后专门处理。有了之前"蓝冰雹"的前科，这一次人们专门安了一个阀门，保证飞行员不会不小心把这些生物炸弹投放到外面。

如此一来，现在飞机上的排泄问题就被完美解决了，地面上的大家也不用担心哪天被粪便砸了脑袋。而前面所说的那些新闻，应该也只是不靠谱的猜测，要是穿越到20世纪，说不定还更有可能一些。

打哈欠真的能够传染

> 看到别人打哈欠，好像自己也想打一个，
> 难道这是什么新时尚，还需要跟风？
> 还是说，其实有一种"哈欠病毒"，让它可以传染？
> 有没有病毒我不知道，不过打哈欠传染这件事，的确是真的。

打哈欠不仅可以传染，而且感染力还相当强呢！我相信它的传染力仅次于非典、禽流感和让人一看就会流眼泪的"艺术人生"。"哈欠病毒"看起来似乎不存在，那这个小小的动作为什么能产生如此神奇的连锁反应呢？这个问题应该困扰了不少人。

科学家和普通人的差距，大概就是普通人感到困扰就会问"为什么"，科学家则会想"怎么证明"，所以，这个困扰全世界人的问题，很早就进入了无聊科学家们的研究领域。他们先是从打哈欠的原因入手，想"由表及里"地推断它为什么会传染。

一项研究表明，打哈欠其实就是在给我们的大脑降温。他们认为，我们人类的身体跟一台电脑很相似，心脏就是电池，而不断运转的CPU就由大脑代替。CPU负荷过大的时候电脑就会发热，此时要是没有风扇吹着降温，电脑分分钟能够给你闹罢工。而大脑也是如此，如果温度过高，我们就会感觉疲惫，也就是俗称的"脑子不转了"。此时，打哈欠就成了天然风扇，可以让我们的大脑清醒。

这个观点在美国学者海克与盖洛普的证明下，被很多人所接受。当然，他们没有真的拿人类的大脑做实验——否则现在大概只能在监狱看到他俩了，而是选择了一只勇于牺牲的小白鼠。别怀疑，它也是会打哈欠的，在打哈欠的时候，白鼠的大脑温度就比较高，打哈欠的过程让空气挤压脑部，就像开启了风扇一样，大脑温度开始逐渐降低，最后恢复正常温度。

这么看来，打哈欠的确不是什么传染病，而是一种纯物理性的活动，那它还会传染？当然，我们不仅看到别人打哈欠的时候会无法控制地"跟风"，哪怕是听到打哈欠的声音、看到图片，甚至仅仅是"打哈欠"这三个字，都可能忍不住张开大嘴陶醉地给大脑降一降温。事实上，当我写到这里的时候，打过的哈欠已经不知道有多少个了。

这种魔性的传染行为，只在人类、黑猩猩和狗等生物身上发现过。也就是说，想要跟风打哈欠，还必须得有高智商，只有大脑皮层发达、能够辨别出打哈欠的动作，才能传染。用这一个简单的动作，就可以将动物们按照智商分级了，实在非常容易。

所以下次看到别人打哈欠，别再强忍着保持形象了，这可是聪明人的专利。而之所以会发生这种情况，很多人认为是我们的移情能力在发挥作用。也就是说，我们会理解身边人的行为，并跟他产生共鸣，导致出现相同的行为——比如打哈欠。

英国利兹大学就曾有过一次关于打哈欠的实验，实验者会跟着一个工作人员进入房间，先随意地等待大约10分钟。当然，工作人员并不是完全随意的，他会不断地故意打哈欠，以吸引实验者的注意。之后，实验者会做一份测试移情能力的问卷调查。

这两者有什么关系呢？别着急，听我讲一讲实验结果。调查结束后，人们发现被工作人员传染、很容易打哈欠的人，移情问卷的完成度也比较高，说明他们更容易受到周围人的感染。而有意思的是，参与实验的学生全部来自心理学与工程学两个专业，心理学的学生明显更容易被传染打哈欠，这跟他们的专业似乎不无关系。毕竟，心理学是一个需要跟患者产生共鸣、理解患者的学科，而工程学则不是，你总不能让学生跟机器来一次灵魂沟通吧？

由此可见，移情能力与打哈欠的确有密切的关系。由此延伸，你就会发现，那些社交能力较好、敏感热情、相对感性的人，更容易在别人打哈欠的时候被传染；相反，理性的、性格冷酷的家伙，就比较能坚持自我。所以，通过能不能被感染，还能看出我们性格中的一些特点。

除此之外，两个人关系的远近程度，也决定了打哈欠是不是会传染。就像我们常说的"夫妻相"一样，两个相处时间长的人，行为会越来越同步，就连打哈欠也可能变得一致。这不，意大利比萨大学也有一群对打哈欠格外感兴趣的研究者，他们从不同国家收集了超过百人的信息，统计他们打哈欠的状况。结果当然在意料之中，亲人之间最容易传染打哈欠行为，堪称"不是一家人，不进一家门"，之后就是朋友之间，可谓"臭味相投"，然后才是熟人和陌生人。这再一次证实了我们的观点——打哈欠会传染就是一种移情作用的体现。

如果你想看看自己跟身边人的熟悉程度，不如就找个机会用打哈欠来证明一下吧。

怎样证明你不是一个神经病？

精神病医生真的能看出别人是否有精神病吗？

放心，我不是想办个精神病证明当免死金牌，

只是在担心，万一被当作精神病抓起来，怎么证明清白呢。

什么？大喊"我不是精神病"？这能有用吗？！

不用怀疑，如果哪天你被当成了精神病，还大喊"我不是精神病"来自证清白，结果肯定是——没用的。没听说过喝醉的人总爱说自己没醉吗？患了精神病，十个有八个都觉得自己棒棒哒！所以，在这种生死关头，想向医生证明自己不是精神病，还真要费点功夫。

你可能会问："难道专业的医生还看不出来我有病没病？"不好意思，你可能对精神科大夫的期待太高了，他们还真不一定能看出你是否是一个精神病。

1972年，一个脑洞大开的斯坦福教授、心理学家罗森汉突然想调戏一下精神病医生，他想知道，如果找人装成精神病，医生能不能发现呢？

我们不得不感慨"同行是冤家"啊，别看心理学家和精神病医生业务对象不一样，照样喜欢互相为难。这位罗森汉教授不仅是个专业的心理学家，还有影帝级别的伪装能力，他找来了8个志愿者，先教会了他们

如何假装幻听，然后又进行了全方位的包装——在进精神病院前故意不洗澡、不换衣服，保证人人散发着奇怪的味道。总之，看起来比精神病人更像精神病。

结果，包括罗森汉在内的9个人，仅仅依靠"幻听大法"，就成功地骗过了医生，全被盖上了"精神分裂"的戳。

这可狠狠地打了精神病院的脸，有的医院就表示不服了，放话道："他们医院是水平不够，有本事你来我们医院，我们绝对把人全都揪出来。"

罗森汉开始答应得很好，还表示，会在三个月内进行不定时的"突击"，找一些正常人去考验他们。精神病院如临大敌地等了三个月后，得意扬扬地表示，他们揪出来整整41个假病人。

这个数据不错吧？没想到罗森汉这次发挥了自己心理专家的优势，打了一场"心理战"，把空城计玩得十分巧妙——他根本就没安排任何一个人去精神病院。如此一来，这41个病人到底是不是精神病呢？想一想，还真是细思恐极啊！

仅从这个实验可以看出，医生是看不出我们得没得精神病的。所以，万一哪天你也遇到了豪门故事里的狗血剧情，要被人诬陷成精神病，该怎么自救呢？

嚷嚷自己没病是没用的，医生会认为你精神分裂；那承认自己有病？更别提了，你充其量就是个诚实的患者。所以，不管怎么说似乎都是错的，难道要武力解决这件事？这就更不靠谱了，精神病院里的医生护士基本都有常年斗争经验，分分钟就可以把你制服，还要在你的脑门上扣上个"容易伤人"的重病戳，说不定就判定你有危害社会倾向，这辈子也只能关小黑屋了。

这时候，不想下辈子跟真精神病做舍友，就必须沉着冷静，用行动来说话，证明自己完全正常。

首先，必须保证正常的作息和交流。能够按照规定的作息时间安排自己的生活，哪怕晚上被隔壁房的精神病吵得睡不着觉，也一定要在床上乖乖躺着。千万不要在自己屋里胡乱转，更不要大声抗议，这些从医生的角度看，可都是犯病的表现啊！还不如趁着机会多睡一会儿，就当给自己放假了。同时，还要正常地跟医生护士交流，保证两方能和谐友好地谈话。这可不是为了跟他们套近乎，而是通过正常的语速、清晰的逻辑跟他们重复一个事实——我没病！

其次，就要学会控制自己的心情和行为。哪怕生活中的剧情真的十分狗血，外面有人正磨刀霍霍谋夺你的家产，你也必须平静下来。发泄愤怒这件事，还是等出去以后再进行吧！而平时的言行则尽量保证和普通人一样，这时候可不是展现个性的时候，任何一点正常的小癖好，在脑洞大开的医生眼里都可能被解读为"发病了"。举个例子，如果你喜欢盯着一个地方发呆，医生就可能认为你陷入幻觉了。反正他也不知道你在想什么，这样猜很科学合理，不是吗？

对了，语言表达能力也得锻炼好，如果你有爱吹牛的习惯，可千万要管好自己的嘴。吹牛说谎，在家里顶多被长辈打一顿、被朋友笑话一下，在医生那里很可能被判断为"妄想症"哦！

除此之外，千万别因为被当成精神病就破罐子破摔，掌握一些正常的生活技能还是很重要的。比如分辨方向、时间，表现出正常的记忆力和逻辑思维能力，都是证明我们正常的表现。否则，就算从医院里成功出逃，也有可能被人当成傻子。

由此可见，精神病医生其实就是一堆脑洞大开的家伙，一个正常人如果被他们扣上了"精神有问题"的帽子，都可能找出些不正常的地方。要想证明自己完全没问题，还真是一个艰巨而任重道远的事，完全不是我们想象的那么简单。

当然，也有一些人因为某些众人皆知的原因，巴不得被当成精神病对待，这种主动的"被精神病"行为，是不是很容易就能成功呢？错。其实医生没那么容易就把一个健康人当作精神病，哪怕他故意伪装想成为精神病，也得熬过医生的评估观察期。在现如今，要是没有丰富的斗争知识、侦察与反侦察能力，加上影帝级别的演技，想成功骗过医生还是挺难的。

所以，我们想象中需要向医生证明自己没病的场景，应该还是很难发生的，这是不是让你放心了呢？

鸡走路为什么总是颠脖子？

鸡走路时为什么总是颠脖子？
你以为它在听周董的《简单爱》？
不是！
它们还没进化到这个层面，不过给母鸡播放音乐确实有用，能让它们舒缓情绪多下蛋。

扯远了，鸡走路时为什么总是颠脖子呢？在没吃摇头丸的前提下，我们来分析一下其中的原因：

如果你是一个仔细观察生活的人，就会发现鸡在走路时总是喜欢

"边走边唱"，颠着脖子咯咯叫，它不像白鹅一样迈着优雅的"四方步"，而是伴随着颠簸的小碎步，脖子不停地一伸一缩，看起来很有意思，这也让我想起当年边听周杰伦边自我陶醉的样子。

这么无聊的问题，Who cares?

的确，大家这么忙，谁管鸡为什么走路颠脖子，它爱怎么走都可以，结局都是一样，走上餐桌是它的最终归宿。

这么想，说明你是一个正常人，忙你的去吧。然而，人类如果失去了求知欲是多么可怕的事，世界上还有一群人，他们肩负着光荣的使命，探究未知的世界，也可能他们真的很无聊。总之，他们真的认真研究过鸡的走路姿势，不仅解答了这个问题，还从中发现了一个巨大的秘密。

早在将近半个世纪以前，两位美国的科学家邓拉普和莫瑞尔就这个问题开始了研究。他们将一群和鸡有着一样走路姿势的鸽子关了起来，然后用当时的相机拍摄了照片。这些现在看来是"渣像素"的奇怪照片，告诉了我们鸽子的走路习惯：它们并不是让脑袋前后伸缩，而是先伸出脑袋，静止在那里等待着身体和脚跟上。也就是说，鸽子和鸡的脑袋是个"急性子"，移动的时候总是快身体一步，所以只好安静地在原地等着身体的其他部位。

都说思维太快，行动都跟不上了，原来是这个意思。

这个奇怪的习惯，给鸽子带来了什么好处呢？两位科学家发挥了自己的想象力，猜测道：这样的走路习惯，可以让鸽子的脑袋在大多数时间内静止，以便看清周围，保持视野稳定。不过，这只是科学界无数的猜想之一，意味着"纯属猜测，如有不符，概不负责"，所以一直没能得到广泛承认。

这个看起来幼稚又无聊的猜想在全世界生物学界掀起了一阵讨论狂潮，最后分出了三个阵营。

坚持"平衡论"阵营的战士们表示，鸡点头是因为走路的时候速度变化，刺激耳部的平衡器官，造成这种状况；

高举"运动论"大旗的支持者则表示，这是一种走路时候肌肉拉扯造成的自然反射，没什么特别的；

而更多的人则坚持一开始的"视野论"，认为鸡就是为了看得更清、看得更远。

由于谁也没办法证实自己的说法，大家就这样不负责任地打着嘴仗，一吵就是四十多年。直到1975年，弗莱德曼教授横空出世，用自己的精妙实验成功单挑"平衡论"和"运动论"两大阵营，将"视野论"胜利的旗帜插在了鸡的脑袋上。

他先验证"平衡论"的说法是错误的。弗莱德曼将鸽子放在一个箱子中，推着箱子前进。此时，鸽子既没有肌肉的运动，也没有看到周围的环境，但是运动速度在变化。如果鸽子此时点头，就意味着是在保持平衡。然而，鸽子的脑袋稳如泰山，纹丝不动，注定让"平衡论"的高手们失望了。

接着，弗莱德曼将矛头从倒地的"平衡论"身上拨了出来，指向了依然坚挺的"运动论"。他还是把鸽子丢在了封闭的箱子里，然后将箱子底部掏空，放在了一块滑板上。这样，鸽子一走路滑板就会向后滑动，鸽子相对于箱子就没有移动，它的视野是没有变化的。结果，鸽子虽然脚下不走，脑袋一伸一缩的"坏习惯"却没有出现。于是，"嘭"

的一声，"运动论"也倒地不起了。

最后，弗莱德曼将鸽子依旧扔在箱子中，他推着箱子挪动。鸽子虽然没动，自己的视野却产生了变化。结果，它的脑袋竟然动了！这说明了，鸽子颠脖子的习惯与保持视野平衡有关。

虽然因为鸡的体型太大，就让鸽子替它关了小黑屋，但是证实的结论却是通用的。所以，鸡在走路的时候不停颠脖子，就是为了让自己即使在走路，也能保持脑袋不动，这样就能让自己的视野变得很稳定。根据后续的研究，人们发现鸡的脑袋是最天然的超级"稳定器"，要是将相机绑在它的脑袋上，不管在多么颠簸的环境下，它拍出的视频依旧稳定清晰。

只是不知道，背着相机的鸡是不是感觉"亚历山大"呢？但是这个脑洞也为我们提供了一个不错的思路，说不定哪一天就有"鸡头牌"仿生相机稳定器火遍全球呢。

拔牙也会拔掉记忆吗？

听说拔牙还有可能失忆，
看来韩剧女主角动不动就失忆其实很正常，
毕竟连拔牙都靠不住了，我们能活到现在没出问题，实在
是太幸运了！

拔牙失忆的剧情似乎从来没在韩剧中出现过，可能是因为它有点不浪漫，也可能连一向脑洞大的韩国编剧都觉得有点不靠谱。可事实上，

Question 4　非正常人类最关注问题集锦

这却是经过多项研究得出的结论，下面就让我们来看看，人们是否会因为拔牙而失去记忆。

我们先来看看都有哪些神奇的拔牙实验。最有名的研究，就是2004年瑞典科学家公布的，他们发现人的牙齿就像一个个小USB一样——当然这玩意是一次性的，没办法即插即用。每当拔去牙齿的时候，我们就会丢失一部分记忆，这些记忆可能不会影响生活，所以没能被大家注意到，但是实验中却表现得十分明显。

这项研究并不是突然提出的，实验者早在1988年就开始进行了。整整15年里，他们寻找了不同年龄段的将近两千名志愿者进行调查，分别比较了不同人士生活中"拔牙"和"记忆力"之间的关系。

实验人员发现，如果是牙齿全部健在的人，他们的记忆力明显比拔了牙的人更好，这两个看似风马牛不相及的词汇还的确有一定的联系。贝利达尔教授就认为，这是因为拔牙切断了牙齿和大脑之间联系的神经——也就是人体USB的传输线被切断了，所以才会影响大脑，继而影响记忆。这种解释听起来还是比较靠谱的，至少他没有说"因为牙齿可以思考，可以存储记忆"，否则我们还怎么面对自己的牙呢？

这一解释，好像也从侧面告诉了我们为什么老年人更容易犯糊涂、患失忆，很简单，他们没牙了！而日本科学家的研究结果也证实了这一点，他们用小白鼠做实验，发现没牙的小白鼠记性的确比健康的同类差了不少。

你确定小白鼠不是因为缺了牙生无可恋，所以情愿失忆吗？
如果是这样，这些家伙也就太可怜了。

排除上面这个脑洞的话，瑞典和日本科学家的解释似乎完美地验证了牙齿与记忆力有关这个说法，但是真的是这样吗？

事实上，我们的牙齿、牙神经跟记忆并没有直接的关系。牙神经虽然是脑神经的一部分，但是作用只是操控面部肌肉、方便我们咀嚼食物，就算拔了牙也不会影响大脑。别因为有一种牙叫作"智齿"，就怀疑它跟智商有关系，那些长了智齿的人可没有突然变聪明，没长过智齿的更不会一直都是傻子。所以放心拔牙，它跟记忆没有直接关系。

但同样的，没有直接关系不代表没有关系，确切地说，牙齿不是影响我们记忆的关键，咀嚼的动作才是影响记忆的关键。倒霉的是，牙齿和咀嚼的行为息息相关，没了牙吃东西也得换个方式，说不定就得靠流食度日，所以它就间接地影响了记忆。

咀嚼带来的记忆属于非陈述性记忆，换个词形容就是"只可意会，不可言传"，我们可能没法描述那种感觉，但是身体已经记住了自己的反应，就像学骑自行车、学打球一样，这些动作可以完全不经大脑、自然而然地做出来。

而咀嚼带来的非陈述性记忆需要长时间的重复，否则就容易遗忘。很简单，如果你每天都吃米饭，自然就会记住米饭的色、香、味还有口感，但是只有十年前吃过一次的话，现在你看到它都不一定能认出来是什么。正因为不断的咀嚼能刺激大脑，所以当牙齿被拔掉后，我们可能会不自觉地减少咀嚼的动作，大脑也就因为缺少刺激而越来越"懒惰"。过去的记忆自然就被淡忘，新的记忆也很难巩固。所以，我们才会有"拔了牙，记忆也变差了"的印象。

所以，英国的研究人员发现，拔了牙没关系，只要多咀嚼、多嚼东西，依旧能帮助我们刺激大脑，不但能记住关于"吃"的记忆，对于其他方面内容的记忆也有很大帮助。而且，咀嚼的时候我们还会不自觉地流口水，这可不是丢人的事，分泌唾液的大脑皮层正好跟记忆、学习部分的大脑皮层是"邻居"，带动了这部分运动，会相应地锻炼记忆和学习能力。

也就是说，没事流流口水，嘴里经常吃点东西，人会变得越来越聪明。这就是在告诉我们，吃货有前途、吃货最光荣！

年轻人成为一个爱咀嚼的"吃货"，大脑可以发育得更好；中年人没事多嚼嚼东西，可以更有效率地做好工作；老年人养成多咀嚼的习惯，老年痴呆也会远离你。

这才是拔牙与记忆力背后的真相。这么看，研究人员判定它们有关还是挺有道理的，毕竟一个没了牙的人，想让他咀嚼食物他也没有"武器"啊！所以，一定要爱护自己的牙齿，遇到坏牙早拔掉、早治疗，恢复正常的进食方式，才是保证记忆力的关键。

你可以睁着眼打喷嚏吗？

你可以睁着眼打喷嚏吗？
我只听说过睁着眼说瞎话，还没听说过睁着眼打喷嚏。
不过，这看起来很容易，难道我们做不到吗？

还别说，睁着眼打喷嚏这件事，几乎人人都做不到。当我们打喷嚏的时候，会不自觉地将眼睛闭上，根据老人的说法，这是因为我们必须保护自己的眼睛，否则很容易在打喷嚏的时候把眼球喷出去。

眼球真有这么脆弱，打个喷嚏就离我们而去了？想了想，我后怕地摸了摸自己的俩眼珠，还好，它们看起来还是挺牢固的。不过，不管眼球飞出去这个恐怖故事是真是假，打喷嚏的时候的确很难睁眼，这里面的道理还是很简单的。

我们之所以会闭眼，跟眼部肌肉在打喷嚏时的条件反射有关。说到这就得研究研究"打喷嚏"这件事了。虽然打喷嚏看起来惊天动地，其实也属于一种呼吸反射，具有一定的防御性。很简单，当我们不小心吸入异物的时候，就会因为痒而产生打喷嚏的冲动，自然地将其"喷"出体外，这就有效保护了自己。

作为呼吸的一种，打喷嚏之前也要深深吸一口气，然后就得由膈肌上场表现了。和平时呼吸时膈肌缓慢的收缩方式不同，在打喷嚏时它会急速收缩，就像突然来了一拳一样，此时呼气动作会格外快速，气体好像被什么妖魔鬼怪追着、争先恐后地从身体里面出来。

表现在外部，就是我们突然张大嘴巴，让一口气从口腔、鼻腔冲出来，摆出一个要吐仙气的姿势，然后发出"阿嚏"的声音。没错，一个完美的喷嚏诞生了。

我们可以看出，打喷嚏之所以跟呼吸不同，是因为我们的膈肌用了巨大的力量、迅速地将气体从体内"弹"了出来。这个过程就像在体内刮起七级大风一样，不仅是肺部、口腔，甚至鼻腔等都有巨大的压力。想一下就能明白，能把体内异物通过打喷嚏的方式席卷出来的力量，怎么可能是温柔的呢？

这场体内的龙卷风会让身体肌肉变得格外紧张，呼吸肌作为"主力队员"是运动最剧烈的，与此同时，面部、额头、脖颈等处的肌肉也一样会紧张起来，就像等待暴风雨来临的前夜一样。如果让肌肉们表达此时的心情，肯定是既忐忑又紧张。

这时，控制眼睛开闭的眼轮肌肉一样会收缩，因为它也属于面部神经的一部分，接收到了同样的信息。这块肌肉收缩了，就会导致我们无法控制地闭上眼睛。

所以，打喷嚏会闭眼跟"防止把眼球喷出去"一点关系也没有，不过我们也不知道这股冲力能不能真的把眼球带走，如果你不怕的话，下次也可以找机会试试。不过我相信，你一定无法控制自己在那一刻眼肌的条件反射，它还是会快速地闭上，不给你一点可乘之机。

> 这倒是有效防止了熊孩子的作死大业，
> 要是没有机智的眼肌，
> 恐怕每年的儿童医院眼科都要被挤爆了。

别小看好奇的人能把"作死"贯彻到什么地步，故意在打喷嚏时想睁眼的家伙可一点都不少。

除此之外，打喷嚏时不自觉闭眼，也可能是为了保持专注。没错，打喷嚏还是一项十分高端的运动，必须保持绝对的专注，才能打出一个舒适的、惊天动地的喷嚏。每当打喷嚏的时候，必须高度集中精力，才能保持肌肉紧张，完成一系列活动。这时候闭上眼睛，就像大师沉浸在自己的世界里一样，可以减少接收外界信息，防止注意力跑偏而打喷嚏失败。

还别说，你一定感受过打喷嚏失败的痛苦。在酝酿喷嚏、将其顺利喷出的过程中,只要有一个环节被打断,比如有人恰好跟我们说话,这个喷嚏就很可能无法打出。那种憋屈的感受,实在让人不想经历第二次。

所以,不管是因为恐怖的传言要保护自己的眼睛,还是因为无法控制的条件反射,又或者为了全神贯注地完成打喷嚏大业,我们都需要在打喷嚏时闭上眼睛。想睁开,好像的确很难。

脑袋大的人朋友多是真的吗?

> 脑袋大似乎有很多好处,
> 你不知道?难道你没听说过"大头大头,下雨不愁"吗?
> 好吧,就算不当雨伞用,大脑袋也可以当作招朋友的法宝,
> 据说脑袋大,朋友也会变多呢!

交朋友是很多人一生最重要的任务之一,只要能扩大自己的朋友圈,他们愿意做很多努力。然而,最近一个调查却告诉我们,交友技能这东西好像还得看天赋,有些人只要凭着一个大脑袋,轻轻松松就能获得朋友的青睐。

没错,你没有理解错误,不是靠着个人魅力,也不是靠着知识储备,更不是靠勤学苦练的撩妹、聊汉技术,只凭借一个天生的大头,就可以成为交友达人哦!这又是喜欢研究奇怪事物的英国科学家发现的,他们认为,一个朋友多的人很可能脑袋也不小。

看看我们的周围,你会发现这个说法似乎也能得到印证,那些脑

袋大的人看起来总是比较和蔼一些，至少你绝对不会把他们跟"尖嘴猴腮"这样一看就十分刻薄的形容词扯上关系，所以在第一印象上，大脑袋阵营的确挺加分。而另一方面，脑袋大往往意味着"心宽体胖"，这种人抗打击能力比较强，属于心胸开阔、比较宽容的类型，自然更容易获得朋友的青睐。

当然，以上全部都是我的自行分析，科学家们又是怎么定义这个发现的呢？

研究这个奇怪问题的还是一位名校教授——牛津大学的罗宾·登贝先生。他发现，在和人交往的时候，我们对事物的认知能力、理解别人的能力都决定我们能否成功获得朋友，而这种能力被称为"心灵感应"。这么看，我们和自己的每个朋友都有良好的"心灵感应"，听起来还挺有趣的。

而交往、认知的能力是从哪里获得的呢？它取决于大脑的前额皮质区，在交朋友的时候，大脑的这部分是"出谋划策"的主力部队。而脑袋大的人，一看就能发现前额皮质区比一般人更大，自然也有更强悍的"谋士"了。

这很可能是一个臭皮匠跟一个诸葛亮的差距。怪不得大头儿子这么受欢迎了，凭借他这个级别的大脑袋，成功地和所有电视机前的小孩交朋友完全不是梦啊！

因此，罗宾先生得出了结论：脑袋大的人，拥有更好的交朋友的"硬件"，先天条件更佳。

过去，我们一直都说"脑袋大更聪明"，而科学告诉我们，这是个绝对的谬论。这一点让小脑袋的人终于夺回了一局，可以放松地舒一口气了。可惜现在，又有人告诉你，大脑袋可能帮助你交更多的朋友，我们该不该相信呢？

其实，这只是从生理角度上看，凭借我们的硬件能不能在交友上快人一步。但是，交朋友可不是一个只看硬件的事，自身的内涵作为必不可少的"软件"也是很重要的。所以，一个脑袋大的人不一定就是人群中的交往达人，脑袋小的家伙也可能成为备受欢迎的全民宠儿，后天的因素往往才是关键。

想想那些貌美可爱的"国民妹妹""国民初恋"或者"国民男神"，不也有一大帮粉丝哭着喊着想要跟他们交朋友吗？他们的脑袋可基本比一般人要小，否则怎么上镜呢？这就是最有力的反驳证明了。

所以，各位大脑袋的观众不要沾沾自喜，小脑袋的朋友也不必纠结，你们的人生道路还没有被决定呢，想要有多少朋友，并不完全取决于脑袋大小。

为什么说狗改不了吃屎？

> 我们总说，狗是人类的朋友，可是……
> 每当骂人的时候，它们似乎都在躺枪！
> 什么"狗男女""狗脾气"，甚至还有"狗改不了吃屎"。
> 狗：我招谁惹谁了啊！

安静躲在一边吃屎的狗表示，总这样躺枪我也是不服的！总在骂人的时候频繁出镜的狗狗，好像的确挺冤枉，但是"狗改不了吃屎"这句话却是个例外，因为我们怎么想都觉得很符合狗的形象。

虽然不能证明所有的狗都爱吃屎,但是我相信,你绝对看到过狗对"金坷垃"产生不一样的兴趣。那么,狗真的有改不了吃屎的习惯吗?我们又为什么这么说呢?

对于这个问题,好奇的人类也一样没能控制住探究的魔爪,有大量的研究证明,狗对其他狗的粪便有强烈的好奇心,就像看到美味佳肴一样试图冲上去品尝一番。想让它们改掉这个习惯,就像让一个有十几年烟瘾的人强制戒烟一样麻烦,你能体会到狗狗的这种执着了吧!

2012年,美国加州大学的一位动物学博士本杰明·亨特就专门对狗的行为进行了研究,尤其对"狗吃屎"这件事进行了详细的研究。我们先不讨论他这样大张旗鼓地暴露狗的个人隐私是不是侵权,也不追究他是否不给狗面子、对人类的朋友不友好,只看这份研究还是很有意思的。

数据表示,超过16%的狗都吃过屎,而且至少是5次。这足以说明,吃屎对它们来说是一种习惯行为,并不是某天眼睛一花、脑子一抽不小心犯了个错误。而且,其中所有的狗都曾经吃过其他狗的便便——难道是自己的吃腻了,想尝尝其他口味的?

这些狗并不是生活中食物匮乏、经常饿肚子,更不是口味独特、只爱狗屎,它们往往对其他食物也很感兴趣,更有超过一半的狗是狗界吃货,在护食方面格外有一套。同时研究还发现,如果家里养了不止一条狗,它们就更容易发生吃屎的行为了。当然,这也很容易解释,毕竟这样的家庭里狗屎会更多、种类也更多样一些,自然丰富了它们的"食谱"。

除了这些,还有一个重要的数据,可能揭示了狗狗爱吃屎的真正原因。本杰明发现，这些爱吃屎的狗狗有一个共同的特点，那就是它们在刚出生的时候没能顺利地自己排便、排尿。我们都知道，很多小狗出生的时候并不会自行排泄，有时明明急得直哼哼，还是笨得不会做出排泄的动作。这时候，就需要母狗上场，通过刺激它们的排泄处让狗狗们顺利排泄。

如何刺激呢？很简单，狗又不会使用工具，只好通过舌头舔舐来刺激。此时，母狗往往会顺便吃掉宝宝的排泄物——好吧，我们可以安慰自己，新生狗的粪便并不脏。这可能就给小狗留下了深刻的印象。

这种"遗传"的行为，在很多狗长大后就被遗忘了，但是有的狗则会继承母亲的优良传统，养成爱吃屎的习惯，尤其喜欢新鲜的粪便。事实上，它们的确是很挑剔的"尝屎官"，如果粪便排泄的时间很长了，已经被风干、脱水，狗们可能就会觉得口感不佳，这样的粪便并不吸引它们。

按照本杰明的形容就是，这大概是从牙膏变身硬纸板的差距。要我说，这就像个习惯吸烟的老烟民，恰好抽到一根潮湿的烟草的感受。

总之，想让狗养成爱吃屎的习惯也许很简单，反正他们天生就对粪便的气味非常感兴趣，但是想让已经有吃屎习惯的狗改掉这个坏毛病，不好意思，可能真的要按照戒烟的方式严格要求了。如果做不到，就在狗狗看到粪便之前，早早把它们清理干净，做个勤快的铲屎官吧！

不小心被狗追了怎么办？

莫名其妙被狗追怎么办？

是撒腿就跑，还是躺下装死，

又或者蹲下来跟它们进行一次友好愉快的交流？

怎么看，似乎都是死定了的结果……

狗是人类的好朋友，这一点的确没错。不过，当这个好朋友突然跟你翻脸的时候，你知道该怎么制止它吗？讲道理显然是没用的，还不如撒腿就跑来得有效，不过可惜，你能跑得过的狗也就只有京巴了。那是不是要正面硬扛？这得根据情况来决定，总之，跟狗打架这件事，还真是个技术活。

首先，在被狗追逐的时候，一定要先看好狗的表情。虽然我们是两个物种的动物，但我相信一条狗对你怀有恶意还是好意，从表情上应该能看出来。如果向你跑来的狗一脸呆萌，多半是一只"撒手没"，喜欢找陌生人玩。这时候，太早动手就不太厚道了，毕竟它还是怀着一腔热情的。

重点是，这样的狗附近往往都跟着主人。

打狗也要看主人啊，兄弟！

为防打狗不成反被混合双打，还是谨慎出手为好。

而且我相信，大多数人对狗狗的态度还是比较友好的，所以对待那些追逐我们却只抱着"快来跟我玩"念头的狗，大家还是放下蠢蠢欲动的手和腿吧！

尤其是大多数时候，向你跑来的狗其实目的并不是你，你只是恰好站在了它的行进路线上而已。这时候，表现得过于紧张，时刻准备着尖叫踢腿，可能还会弄得狗一脸茫然，用看智障的眼神看你。

这就有些自作多情了，如果拔腿就跑，反而容易吸引狗的注意力。事实上，不管狗是否冲向你，是否想咬你，都千万不要撒腿就跑。因为大多数狗跑得都比我们要快，而运动的物体更能够激起它们追逐的本性，跑起来反而会让狗更想追你。

这时候，如果狗表现出了攻击力，先冷静地站在原地，稍微侧开身体，不要直视狗的眼睛。直视狗的眼睛会被它当作一种挑衅，基本上等于向它递战书，是一种自寻死路的行为，会更加激发狗的敌意。

然后，就要重点保护住我们脆弱的面部和脖子，这两处部位不仅很容易被狗攻击，而且暴露在外面，没有衣服的遮挡，是最脆弱的地方。

此时，如果是面对家养的狗，可以大喊几声"坐下""走开""停"等指令，在一些情况下可能发挥作用。如果狗只是过于兴奋，对你没有确切的攻击动作，只要不再招惹它，一会儿它们就会离开。

毕竟，守着你没吃也没喝，狗也不会做这么亏本的买卖。这时候，一定要关注着狗的动作，缓慢移动并离开，千万不要松一口气就快速奔跑，很可能再次引起狗的注意。

如果这些方法都不能解决问题，对方还是执着地要攻击你，恭喜你，你今天的幸运值低到了一种新境界。

此时，一定要注意保护自己的关键部位，然后进行反击。先是将衣服脱下来缠绕在右臂上，保证右手不被狗咬伤，然后迅速找到周围可以利用的"武器"，比如木棍、砖块等。此时如果手中拿着物品，就用这些杂物阻挡狗，因为它会最先咬住阻挡自己的物品，如果赤手空拳，就送出你包裹着衣服的胳膊。专业训狗人士往往会在训狗时将小臂横在自己的胸前，手臂外侧冲着狗来的方向，外面裹着厚厚的海绵，以训练狗的撕咬能力。同样，我们只要用衣服把手臂缠好，也照着做，就可以吸引狗去撕咬有保护措施的手臂，而不是攻击我们的其他部位。

此时你基本上已经成功了一半，将狗对你的单方面攻击变成了一场双方的训练。如何在这场"训练"中获胜，就要看下面的措施了。

不管狗最先咬到了什么，你都要保持那部位不动。因为一旦挣扎运动，狗的条件反射就是撕扯，只会让伤口变得更加严重。然后，如果另一只手拿着武器，就尽量去攻击它，重点攻击腹部、背部，或者直接用左手掐住狗的脖子，在它不得不松口的时候将其狠狠掷到墙上。如果是大型犬，可以压在狗的身上，使劲攻击它的腹部、胸腔，一样可以对其造成伤害。

如果是被多条狗追逐，这种方法就不太管用了，尽量寻找墙角站着，注意保护自己的重点部位，然后用石块、木棍等对狗进行威吓、攻击吧！这时候，一定要伴随着大声的呼救，仅凭你自己的力量是很难成为孤胆英雄的，大声的叫嚷也有可能吓退来追逐的狗。

其实，被狗追逐是一件非常少见的事情，大多数的狗很少主动攻击别人。所以，在学会"防狗术"的同时，也不要对狗的靠近表现得过于敏感、紧张，要相信，大多数时间它们还是我们忠诚的朋友。

文艺青年的脑子里都在想什么

分手高发日竟然是情人节

最容易分手的节日是哪个？
不是清明节，竟然是情人节！
难道是这天单身狗们的怨念太重、FFF团的火把举得太高，
所以情侣们都被诅咒了？

每当情人节到来的时候，都会有无数情侣进行秀恩爱的虐狗行动，也会有无数单身狗羡慕嫉妒恨地表示："秀恩爱，分得快！"单身的家伙惹不起啊！也许是这股怨念太虔诚了，情人节真的成了"拆散一对是一对"的日子，很多情侣都会选择在这一天分手。

根据调查研究，情人节这个本该是情侣们正大光明狂欢的日子，竟然成了分手高发日，分手概率为平时的2.5倍！这并不是某个单身科学家杜撰出来的谣传，在情人节这个月，有将近13%的情侣会选择分手，而排名第二的分手高发月则是四月，也只有7.9%而已，差距显而易见。

四月分手的情侣多，很可能是因为愚人节的影响，没办法，总有些作死的情侣愿意在愚人节这天试一试自己的感情坚定程度，玩大了就难以收场了。而二月的"分手绩效"则多半是情人节这天贡献的，难道情侣们急着在这天把男女朋友变成前任，就是为了在分手前来上沉痛一

Question 5 文艺青年的脑子里都在想什么

击,让他们以后都过不好情人节?

根据大家对前男友、前女友的痛恨程度来看,有这种想法似乎也很合理。不过我们的研究者并没有用最大的恶意揣测当事人的想法,他们提出了两个假设。

第一种假设是,情人节具有一定的煽动效果。跟生日、周年纪念日等节日不同,情人节有个最大的特点——它是全体情侣共度的节日。当大家都一起过节的时候,就很容易出现攀比心理。俗话说"人比人气死人",受到节日气氛的煽动,那些在跟其他情侣"比恩爱"的过程中输了的情侣们,就很容易出现分手问题。

就说给女朋友送礼吧,买便宜了,她会说"你是不是觉得我不值钱";

买贵了,就是"你是不是做亏心事了""就知道乱花钱";

不买吧,肯定是"别人都有我没有,一看你心里就没有我";

那要是直接发个红包?不好意思,"你连用点心思挑个礼物都不会"!

女朋友难伺候,男朋友也一样,跟别的情侣一比,似乎自己收到的礼物也不顺眼了、庆祝方式也不隆重了,不免让人怀疑:"TA是不是不爱我了?TA真的了解我吗?"

当这么问自己的时候,基本上少不了一场大吵,《分手快乐》这首歌就又到了响起的时候了。

113

因为节日气氛的煽动导致分手的例子还真不少，不过这就是情人节分手概率"噌噌噌"猛增的主要原因了吗？研究者认为，还有一种可能，那就是情人节催化了情侣之间的矛盾。如果说被节日气氛煽动而分手实在太仓促，那因为原本就存在的矛盾被放大而分手，就是一件顺理成章的事了——也就是说，即使不在情人节这天说"拜拜"，这些情侣也早晚会分手的。

这些情侣之间的关系原本就处于岌岌可危状态，就像悬在半空的石头，只要谁来推上一下，立刻就会迫不及待地滚下山，连犹豫都没有。所以，此时分手别怪情人节，更别怪今天的气氛太好、月亮太美，一切都只是内心真正的想法在作祟。

相比于第一种假设，人们更倾向于情人节分手高发的原因是第二种。其实，能够被煽动分手的情侣，本身关系就矛盾重重。你见过一对感情坚固的情侣，会因为情人节送的礼物问题而计较分手吗？拜托，人家说不定连存折都共享了，你的我的还有什么分别？

真的会计较的，往往都是感情不够深。就像我们常说的那句话——"FFF团不烧真爱"，要是真恩爱的话，就不会惧怕情人节这天单身狗们的怨念冲击波，也绝对不会成为那倒霉的13%。

放假接到公司电话会得病

电话响了？公司打来的？
哎哟，我现在突然接不了了，我头晕，还恶心！
什么？说我是装的？还说装得不像？

Question 5　文艺青年的脑子里都在想什么

别冤枉，这可是科学都承认的，放假接老板电话会得病啊！

我们好像天生掌握着逃避辛苦的技能，不管是上学还是工作，一张小小的请假条就能成为展现无限想象力的舞台，同样，为了不在放假的时候被老板逮回去工作，大家更是怪招频出，所以当你第一次听到"放假接到公司电话很容易生病"这个说法的时候，是不是觉得这又是哪个无聊员工的脑洞呢？

这次你可要意外了，它还真不是一个荒诞不经的谎言，甚至作为一项研究结论发表在了《国际生物钟学》杂志上。不过接到老板的电话就生病只是表象，如果老板的电话真的是一个"生病魔咒"的话，那我们就不用从科学的角度去分析研究了，还不如找街角处算命的老头给来一卦比较快速。

真相是，因为经常在休息时间接到老板电话的人往往加班更多，所以他们更容易生病。导致生病的不是一通小小的电话，是员工们人人厌恶、躲避不及的万恶加班制。

这才是高级的、委婉的抗议加班的方式，各位不想加班的同志们不妨来学一学，下次也给自己的老板展示一番。当然，如果你被解雇了，千万不要说是被我教唆的。

开展这项研究的是英国的一家零售企业——我想这家企业的老板一定很少让人加班，通过调查发现，在智能手机普及的现代，人们通过邮件、电话等联系得更加密切了，这也导致很多人的工作与休息时间界限越来越模糊。一些习惯用手机收发邮件处理工作的人，每年都比其他人平均多工作将近460个小时。因为他们处理工作邮件的时间往往在休息时，比如早饭时间或者睡前，每天多花2小时做这些事，就相当于无偿加班2小时。

而且，你完全无法就此向老板要求加班费。

难道就因为你的手机中多了一个邮箱app，就要比别人多拿一份钱吗？

这简直是年度最荒诞的加薪理由。

我相信这些员工的老板们一定会在心中高呼"科技万岁"，如果放在连手机都没普及的过去，一下班就像游鱼入海，谁还找得到他们在哪里。总之，没钱拿也改变不了大家习惯性地"自发加班"，尤其是在夜晚和周末，这就很容易影响人们的正常休息。

原本可以睡觉的时间，先习惯性地刷刷手机，然后爬起来处理一两封邮件；原本该放松的时候，大脑还在一刻不停地转着刚才看到的问题；本来可以和家人、朋友一起聚会，打开手提电脑一看，立刻就改了主意。这样的场景，在你的生活中发生过吗？

如果发生过，你已经被加班影响到健康了。

根据这项研究，即便是超出正常工作时间的少量加班，一样容易带来健康的不良影响。人们发现，如果员工在夜晚、周末这些正常的休息时间还在工作，更容易出现失眠、头痛、焦虑和胃病。而罪恶的源头，正是我们为之欢呼的"科技进步"，科技让一切变得快速而有效，这让企业老板也对员工有了不切实际的期待——

他们巴不得员工像机器人一样，可以一天24小时随叫随到，随时在工作。

当然，最好是不涨工资的那种。

我们当然不能因为这个原因就期待着让科技退步，但是只依靠企业"剥削者"的良心来解决这一问题，似乎也有点不切实际。一些欧洲国家就针对这个问题出台了大量的法案约束企业，比如德国规定，公司绝对不能在工作时间以外的时候联系自己的员工。

如果老板在休息时间给你打电话，在德国是绝对的违法行为，这是不是给各位员工带来了一种霸道总裁式的安全感呢？

如果你还没能有幸享受到这种待遇，就自己多关注一下自身健康吧！比如睡前，最好把电脑、手机全都关上，防止睡到一半正跟周公下棋的时候，突然被恼人的铃声吵醒。暂时远离这些高科技物品，也能让你感受到放松和舒适，对精神同样有好处。

除此之外，保持良好的生活习惯、健康的饮食，都是保证身体健康的好办法。要知道，你的老板也许并不在乎你健康与否，但是关心你的人可都希望你活得更好一些。

到底是听老板的话，还是听自己身体的诉求呢？这个选择题，你应该会做。

为什么喜欢的人要"么么哒"？

为什么我们总爱跟喜欢的人接吻？

总不是为了"接吻减肥"吧！

还是说，我们在用这个童话里的验证方式，找到属于自己的青蛙王子？

你爱的人到底是一只普通青蛙，还是一只王子青蛙，验证方式很简单——亲一下就好。所以常常有人说"我们在找到王子的过程中，可能要亲吻无数只青蛙"，这句话很好地恭维了现男友，顺便踩了一脚前男友，实在是相当高明。也许你会认为这句话不过是打趣而已，但是根据新的研究，人们喜欢跟爱人亲吻，还真有可能是为了鉴别对方到底是青蛙还是王子。

就像鸟儿通过观察毛色来寻找伴侣一样，人类也有独特的挑选伴侣、检验质量的办法，那就是接吻。大概就是因为如此，这个跟生殖活动毫无关系的行为才能存在于全世界任何文化中，并且历史悠久，流传至今。

根据牛津大学教授乌洛达斯基的研究，跟喜欢的人接吻可以增进恋人们的感情，帮助情侣表达爱意。现在你明白那些依依不舍的小情侣为什么总是缠在一起"么么哒"了吧？这可是增进感情的大杀器，一秒顶十秒！

除此之外，接吻还可以帮助情侣们评估自己的恋爱进行到何种程度。尤其是那些对感情挑剔的人，当他们承认一个人并愿意跟对方接吻的时候，恭喜你，你们的亲密度数值已经很高了。

乌洛达斯基教授与其说是心理学专业人士，倒更像是一位恋爱专家，他对"爱"的探究欲十分强烈。他根据研究结果表示，女性就比男性更加重视接吻这件事。这意味着女性对感情更加挑剔谨慎，而道理很简单——因为女性要冒的风险更大。哪怕在自然界中，也基本是雌性挑选雄性，它们警惕地观察着对方，冷静地看着雄性为自己而争斗，看起来十分冷酷高傲。这是因为，挑选合适的伴侣将关系到它们的未来，包括怀孕、生育后代和抚养后代，而雄性则不用担心这些，它们很快就可

Question 5　文艺青年的脑子里都在想什么

以拍拍屁股走人，不用当个好爸爸。

所以，当各位男士在勾搭妹子的时候，你绝对不会想到，对方可能已经将你从头评估到尾了，并且在某个时间还考虑过你成为孩子爸爸的可能性。在这种状态下，亲吻对于女性的意义就大了很多。

有趣的是，研究人员调查了80多位女性，发现她们会在生理周期的不同时段，对接吻有不同的看法。这些调查者中，有50位女性处在安全期前后，受孕的可能性比较低；而剩下34位则处于排卵期，很可能"一发中弹"，是最适合生宝宝的时期。

结果，安全期的女性表示，刚开始恋爱的时候接吻的重要性并不大；而排卵期的姑娘则不一样，她们更看重接吻的意义。难道是那些比较重视接吻的女性刚好都集中在了排卵期？显然不是，应该是姑娘们在不同的生理周期时，内心的看法也会有改变。

当她们怀孕的可能性比较大时，会下意识地更谨慎，因为脑洞大的妹子们已经在心里估算，自己接吻的这个对象能不能给未来的宝宝合适的基因。

因此，那些能够在排卵期还跟女朋友热情地"么么哒"的男士，你们在基因选择上已经通关了哦！当你们知道女朋友潜意识里在打着自己精子的主意时，会不会感到背后一凉呢？

女人心，实在是猜不透的海底针。

除此之外，接吻到底还代表着什么，就连自认为是爱情资深学者的乌洛达斯基也很难给出答案。不过放心，他会一直在这个奇葩的研究领域不断前进，也许不久的将来你就会发现他解开了爱情密码。

脏话是如何产生的？

小时候，不高兴就哭闹，
长大了你还会哭闹吗？
当然不会，不高兴就骂啊！再不行就打！
总有一款适合你。
就这样，脏话诞生了。

作为发泄情绪的一种方式，脏话普遍地存在于全世界的每个角落。别说人类了，说不定在某些时候，动物们也是在用特殊的叫声互相"对骂"呢！世界上有多少种语言，就有多少种骂人的话，也就是我们俗称的"脏话"。也许你不说脏话，但我相信你一定也曾经对它感到好奇。

脏话是多么神奇的语言，这些词语的内容非常简单直白，基本上都是在"问候"对方、"问候"其家长，或者再打扰一下他们的祖宗，简单的几个字，说出来就好像发泄了莫大的怒火一样，整个人一下子就"爽"了。这种好像咒语一样的奇特词汇，又是怎么出现的呢？

研究认为，我们的大脑中天然带着一个"脏话制造系统"，也就是说你天生就有说脏话的天赋。这个问题就涉及大脑的构造了，虽然它就是世界上最大的迷宫，至今人们也没能把里面的路线捋顺，我们还是来简单粗暴地介绍一下吧！

大家都知道大脑分为左半球和右半球，左半球更加"理智"，而右半球则比较"感性"，所以左脑发达的人可能成为科学家，右脑则决

Question 5　文艺青年的脑子里都在想什么

定你能否成为一个诗人，当然，普通人一般不需要纠结自己哪边更发达一点——应该是哪边都不够发达吧！左半球是加工处理语言的部位，这需要动用大量的"脑细胞"，是一件复杂的工作，所以在大脑皮层中进行；而右半球掌控着我们的情绪，情绪往往是一种本能的表现，大脑在"待机"状态一样可以玩转，所以放在大脑深处处理。

好了，问题来了，你觉得脏话算是一种语言还是一种情绪呢？

大脑的处理区告诉你，它已经将脏话放在了情绪功能区。也就是说，说脏话是一个不需要大脑费劲计算的、跟情绪和本能画等号的事情。别看它是用语言表述的，实际上还是一种情绪的发泄。

这让人很意外，要知道说脏话是一件多么神奇的事情，总有人能将骂人也变成一种艺术，尤其是那些上了年纪的菜市场大妈们，一连半小时脏话不重样，实在让人叹为观止。可惜，它却是大脑"低级功能区"处理的事，即使你的脏话说得再好，也不能算是高级的技能。

所以，把说脏话当成一种技能并为此沾沾自喜，其实是一件很暴露智商的事情。

言归正传，我们继续听科学家们讲述脏话的故事。因为脏话被放在情绪处理区，所以在大脑中，它根本不需要通过左半球大脑皮层处理，而是像一个资料库一样被整体打包丢在了大脑深处，也就是俗称"边缘系统"的位置，作为一种本能而存在。正因为如此，当情绪到了的时候，你可以完全"不过脑子"地把脏话脱口而出，并且在说出去后感到如释重负。

因为它本来就是在帮你发泄情绪。

有些人就表示，说完脏话之后，人们会在一定程度上减轻压力，甚至有"头也不疼了，腰也不酸了，一口气上五楼不费劲"的感觉。这么看，脏话还堪比盖中盖，是天然的保健佳品啊！不过，这个保健品不能常用，容易引发副作用，轻则招来一顿白眼，重则很可能入院治疗，且说且珍惜。

不管说脏话这件事你能否接受，作为发泄情绪的一种方式，它接近于人类的本能，肯定还会在我们的生活中继续存在下去，甚至比任何文明都长久。

为什么会有"夫妻相"的说法？

被人说是"夫妻相"会让你感到开心吗？

不，我不打他就已经很仁慈了。

为什么？

这不是在拐弯骂我丑吗？

好吧，并不是人人都这么嫌弃自己的爱人，被人说"夫妻相"这件事，也常常发生在大家身边。不仅仅是长期相处的夫妻，一些交往一段时间的情侣也会被人发现十分相像，让人不禁怀疑是不是"天下有情人终成兄妹"。

这种两个人在一起久了就越长越像的说法，似乎并不是巧合。当然，先别急着被"真爱"感动，这肯定不是什么爱情的力量在作祟，但是具体原因是什么，却还没有人能说清。

有的研究者表示，越长越像可能是你的脑洞太大，更可能的是人们在一开始，就更容易喜欢上神似自己的人。说不定我们每个人的心中都

Question 5　文艺青年的脑子里都在想什么

藏着一个自恋的水仙花神，谁能说完全不爱自己呢？所以，在择偶的时候也不自觉地找更像自己的人，这种说法很合理不是吗？

这一点在2005年就得到了证实。加拿大安大略大学的两名研究人员发现，双胞胎寻找的配偶长相也会比较相似，尤其是同卵双胞胎，他们的配偶相似度往往要超过异卵双胞胎。

明显的，同卵双胞胎彼此也长得更像一点。这告诉我们，长得越像的人，彼此挑选伴侣的眼光也比较相近。

现在你明白那些兄弟都爱上女主角、姐妹都看上男主角的剧情源于何处了吧？看来编剧在泼狗血的时候，也是很注重科学依据的，连这种剧情都能找到合理的科学解答，果真是艺术源于生活啊！

之所以会产生这样的结论，很大程度上是因为人们的确都是"自恋"的，他们会不自觉地被长得跟自己像的人吸引，所以双胞胎的伴侣才会相似——他们可都是按照自己的脸作为标准找对象的啊！而普通人也是这样。

英国圣安祖大学的教授普顿·沃克先生就恶趣味地做过一个实验，想看看人们会不会"爱上"自己。他将实验者的照片"性转"并修饰一番，打造成与他们异性的"自己"，然后将其混入其他异性照片中，让实验者挑选哪一个更有吸引力。

有趣的事情发生了，大量实验者都毫不客气地选中了自己"变身"的异性，显然——只要给他们一个机会，他们绝对会爱上自己。

哦，这好像实在有点重口味。不过，这是一种非常合理的心理状态。我们在选择伴侣的时候，其实选择的是跟我们父母相似的面孔，这被称为"印痕作用"。印痕作用可以防止人们的审美跑偏，避免选择不是同类的物种交配，这样就无法生育后代了。好吧，只要跟基因有关的技能，基本都可以归结到"为了繁衍"上，所以"印痕作用"的最大好处，就是为了防止我们爱上可能有生殖隔离的对象，比如树上的一只鸟，或者林子里的一只猫。

除此之外，还有研究认为，伴侣之间的确会越长越像。心理学家佐克曾经做过这样一个著名的实验，他们找来大量伴侣的图片，有的是刚结婚的夫妇，有的则是老夫老妻，还有的就是随便找来"拉郎配"、充当障眼法的临时组合，然后让实验者从中挑出最相似的伴侣，并且判断他们是不是结婚了。

这个测试还是有些难度的，因为作为障眼法的临时组合都是长相相似的两个人，从先天条件上领先其他情侣，实验者是不是很容易认为他们更相像呢？结果却相反，大家更青睐于那些结婚已久的夫妻，认为他们更像。

也许这种"像"是因为神似，两个长期生活在一起的夫妻，每天的生活经历差不多、情绪变化也一样，长期的神同步会在后天改变他们的面部肌肉群，让他们越来越像。比如一对总是发愁的夫妻，他们如果长期皱眉的话，一定会在眉头长出一模一样的川字纹，这种后天"整容"的效果绝佳，就算一开始长得完全不同，也能给你揉出两张差不多的脸。

除此之外，两个总在一张桌上吃饭、作息也同步的夫妻，相信他们也会因为饮食、生活规律一致而影响外在，导致出现"神似"。

这么看来，广大单身的朋友就不用担心了，你们之所以还没有伴侣，绝对不是因为你们太过"自恋"，不小心就长成了未来男/女朋友的样子，只是因为你们的合适对象还没到来而已。

伤心的时候为什么会流眼泪?

> 伤心的时候为什么会流眼泪呢?
> 有的人说是为了排出体内毒素、一身轻松,
> 那眼泪岂不是含有大量"致郁"毒素,
> 喝上一杯就得抑郁?

流泪对于人类来说是再正常不过的一件事,眼泪既不会变成珍珠,也不能真的成为毒药,跟普通的水比起来,只是口味上有点差别。但对于其他生物来说,流泪显然是特别的技能,别看灵长类中有各种各样的人类亲戚,其中会流眼泪的,可只有人类一种而已。

这么说,哪怕人类没有超乎"亲戚"们的智商,只靠着"流眼泪"这个技能,也一样能笑傲群雄了。既然其他的动物可以不流泪,说明流眼泪并不是生存的必备技能,那我们又为什么会流泪呢?

对于这一点,达尔文告诉我们——不要把人类的每个行为都跟"物竞天择""繁衍后代"联系起来,太俗!虽然自然界中的大多数动物习性都跟这两种原因有关,不过总有例外不是吗?他认为,人类流眼泪的技能,显然是没什么理由的、是进化过程中顺便产生的赠品。

达尔文表示,当我们在难过、哭泣的时候,眼睛周边的血管会自动充血,而眼部肌肉则条件反射性地收缩,这就刺激了泪腺分泌出眼泪,这是个自然而然的、毫无用处的反应。但是,他的分析其实并没有揭露流泪的原因,我们完全可以提出另外的看法。

可能达尔文的名声实在太响,让你很难鼓起勇气去反驳这样一位大师,没关系,有另外的大师去反驳他。这不,美国人类学家蒙塔戈就跳出来勇敢地竖起了另一面旗帜——流眼泪就是"适者生存"的象征,是对人类有好处的。

蒙塔戈的理由也很站得住脚,他从眼泪的成分入手分析,发现里面含有大量的溶菌酶。溶菌酶顾名思义,可以杀死细菌,防止脆弱的黏膜被细菌侵害、感染。所以,他认为流泪是一种自我防护,可以保护我们的眼睛,防止细菌侵害眼部。

在蒙塔戈的解释下,我们的眼睛就变成了心灵的真正窗户,需要时常擦洗保持洁净,所以才有了眼泪的诞生。因此,眼睛中一旦进入异物时,会受刺激并流出眼泪,不仅能够将异物冲出,还能顺便消毒杀菌——这个眼睛清洁系统的工作效率还是很高的。

而另一位研究者佛莱的观点又不一样,他不仅研究了眼泪在生物学上的特点,还结合了自己的本职——心理学,来了个多重分析。佛莱认为,流泪也可以分为两种,一种是受到刺激反射性地流眼泪,一种则是自发的、因为情感而流泪,也就是遇到洋葱和听到噩耗的差别。为什么这么划分呢?因为他发现,这两种情况下流出的眼泪,含有的物质也不一样!

当因为情感而流泪的时候,眼泪里面含有较多的蛋白质,而刺激反射性流泪,含有的蛋白质就比较少。怪不得每次伤心痛哭之后,感觉可比切洋葱后劳累多了,原来是身体的营养都被眼泪带走了啊!

开个玩笑,这种蛋白质可不是一般的营养物质,其中有一种特殊的天然"止痛剂"。所以,当我们因为感情波动而流泪时,眼泪自动变成了止痛药水,来缓解我们的悲伤和压力。所以,佛莱就表示,流泪是在排泄体内毒素，眼泪流出来，就可以让身体更加健康。

原来，流泪排毒的说法还真有科学依据啊……
那喝上一杯这样"加料"的眼泪，到底能不能让人"中毒"抑郁呢？

佛莱从眼泪"身上"看到了可挖掘的地方，于是又进行了十分细致的研究。他发现，如果高兴的时候流泪，眼泪的水分多、盐分少，但是愤怒、悲伤之下，流出的眼泪水分少、盐分多。这么看，极度愤怒、非常难过的时候无法流泪是很正常的，这是水分已经少到极端境界的表现啊！因此，悲伤的时候如果能流泪，可以带走大量的盐分，对身体健康有益。

看来，没事的时候找机会哭一哭，可能的确有助于排毒解压，这可不是你们的心理原因在作祟！

一害羞就脸红的原因是什么？

听说人们害羞的时候都会脸红，
我看不一定。
听说过"红脸的关公"吧，难道他天天都在害羞？
还有"白脸的曹操"呢，难道他天生厚脸皮？
不过，"蓝脸的窦尔敦"是怎么回事，难道……是阿凡达？

一想到关公是爱害羞的内向家伙、曹操是个淡定的厚脸皮，感觉三观都被颠覆了。好吧,除了这些天生与众不同的大人物,普通人还是会脸红的,尤其是在害羞的时候。但是你有没有想过,这其实也是一件不同寻常的事呢?

害羞脸红似乎又成为了人类的一项"专利",没有在其他的动物身上发现过——废话,它们不是有毛覆盖着就是颜色五花八门,怎么能看出脸红?总之,脸红是人类的特有反应,常常伴随着害羞出现。

而且,脸红是完全不受意识控制的,哪怕你并不想这么迅速地暴露自己的羞涩,你的身体也会急切地"出卖"自己。因为,脸红的出现和消失都完全依赖于身体的交感神经系统,是一种身体自发的反应。

大脑:你们都受我的支配,都得乖乖听我的!

身体:哼,我要是想暴露你的想法,分分钟就可以做到。

脸:我们中间,出了一个叛徒……

当我们产生害羞的情感时,身体会自动捕捉到信号,然后分泌大量的肾上腺素。这就是为什么每当害羞时,总是感觉心脏怦怦跳、血流速度都加快了的原因,别再以为这是错觉了,有肾上腺素这个天然兴奋剂在作祟,血流不快才怪呢!

这时,身体的血管也会膨胀,这样才能帮助血液更快流动、更迅速地输送氧气。全身都如此,脸部血管也不例外,在我们看不到的地方,脸部皮肤下的血管会迅速扩张,给血液打开了一条更宽阔的"通路"。所以,我们就能看到皮肤一下子变红了,摸起来还很热。

当害羞、紧张的心情过去后,肾上腺素会自动减少,但是这个时间就不由我们控制了,而是掌控大权的身体来判断。所以,在脸红害羞这个方面,再冷静的大脑也难以拗过身体的决定,该脸红的时候,你还是会脸红的。

在大家眼里,会脸红基本上就是大写的"萌",但对于有"脸红恐惧症"的人来说,这绝对是一种煎熬。正确地说,应该是"赤面恐惧症",患有这种症状的人可能格外容易害羞紧张,他们的交感神经系统简直就是一株含羞草,还没碰上去,只是风吹一吹就能合起叶子。有这样经不起"调戏"的神经系统,脸红的次数就会更多,频繁的脸红往往会让他们更加紧张,这就顺利地进入恶性循环了。所以,"脸红"对他们来说,不亚于洪水猛兽。

这样看,难道关公也是"赤面恐惧症"患者?有社交障碍症?这我们就不清楚了。不过可以确定的是,人类的身体的确是个奇特的宝库,就连小小的脸红都能发现这么多神奇之处,你不觉得很有意思吗?

日本女生的校服为什么是水手服?

当你穿着麻袋式的中国校服时,
有没有对着日本女生的水手服流过口水呢?
真是"别人家的校服"系列。
为什么日本女生的校服是水手服?
总不能是为了"卖萌"吧!

日本的"萌文化"深入人心,尤其是日本女孩,对外的形象就是一个"萌"字——如果不是,那就是两个。而各式各样的水手服校服,也给这群妹子加分不少。水手服的来源仅仅是为了卖萌吗？虽然日本是个不爱按常理出牌的国家，好像这样的解释也符合他们大过天的脑洞，但是原因似乎不是这样。

日本女生的水手服历史悠久，最早可以追溯到日本与英国同盟的时期。就像我们在动画片《大力水手》中看到的那样，这种样式独特的衣服显然不是东亚的传统服饰，而是来源于酷爱航海的国度。最早这就是给水手设计的服装，不管是颜色、款式都有独特的作用。比如水手服非常宽大的领子，被认为是简易版的便携"毛巾"，可以用来清洁头发——背着毛巾到处走也是仅此一家了。而水手服显眼的白色，则是为了在黑暗中能看到同伴，不过，显然这也更容易让海盗看到他们，不是吗？

不管这些解释多么不靠谱，总之这种专门给水手设计的服装，最终被英国海军采纳。1859年，全英国的水兵乘船装都变成了水手服。我们有理由相信，选择它的最大原因绝对不是以上的理由，只是因为——好看。

大概人们都有一种军人情结，对制服有着特殊的喜爱，而水手服又格外可爱，很快就成为了家长们打扮孩子的"利器"。最早引领这一风潮的还是维多利亚女王，聪慧、美丽、优雅的女王是那个时代的英国潮流女神，在引领时尚方面绝对不输任何一个国际明星。当她第一次给小王子与公主穿上水手服的时候，女王的脑残粉都沸腾了。他们一边对着可爱的王子和公主流口水，一边挤到商店里购买小号水手服来打扮自己的孩子，潮流就此形成。

后来，欧洲各国都习惯用水手服打扮儿童，有的贵族学校则将其选为制服。就此，水手服终于进阶为"校服"了，只是还停留在小学阶

Question 5　文艺青年的脑子里都在想什么

段，没有攻占中学。

而明治维新时的日本，正处于学习西方的阶段，大量的西方制度、技术被日本人拿来使用，更何况一件小小的水手服。不过在一开始，水手服也仅仅作为海军制服存在。

后来，日本人从中发现了好处——水手服作为制服，体现的是一种军事化的含义。当时，人们满脑子都是"富国强兵"的念头，他们显然也很懂"要从娃娃抓起"的概念，两者一结合，最简单快捷的办法就是换校服。

于是，日本学生的校服开始向军服款式发展。因为处于西方化的阶段，日本的校服抛弃了传统的、不容易穿着的和服，而是选择了黑色、立领的制服，这种衣服款式与海军军服相似。不过很明显，海军中大多都是男性，所以学校里的男生可以这么穿，但是女生该怎么办呢？

没有女兵衣服可以借鉴，他们就干脆改良了水手服，将其代替为制服。最开始穿着水手服的是福冈女学院，有了第一个吃螃蟹的，剩下的学校纷纷做出了改良。

在一开始，水手服还在逐渐普及、没作为全国指定款式的时候，很多日本学校的女生自发要求换校服。要知道，女孩子爱美起来是很恐怖的，日本的女孩尤甚。想想现在我们对"麻袋"校服的怨念，你就能感受到日本女生的坚定了。当其他学校的女生穿上了好看的校服，自己却还没能"尝鲜"的时候，这种怨念更加严重，导致当时的女生写请愿书、抗议的行为比比皆是，不知道的还以为她们要颠覆政府呢，其实只是为了换件校服而已。

所以，别以为"奶奶辈"的女人不爱美，不管在什么年代、什么年纪，只要是女人，爱美的心态总是挡不住的。

最后，改良版本的水手服就成为了女生的校服，原本的裤子也变成了短裙，看起来更加符合青春洋溢的女生形象。而从中，我们也能窥见日本等级制度的差异，男生的校服来源于军官制服，女生的校服则改良于士兵制服，显然有"男尊女卑"的意思在其中。

当然，演化到现在，女生们肯定更爱水手服。就算让她们换成其他衣服，她们还不一定肯呢！总之，原本在欧美地区作为儿童制服存在的水手服，到了日本摇身一变成为中学校服，这曲折的变化之路也是很多人始料未及的吧！

科学研究：分手后男性和女性的区别

分手后男人和女人的表现不一样？

不可能，

肯定是"分手"和"被分手"的人不一样，

分手的撒花欢庆，

被分手的暴饮暴食胖十斤，

电视剧里都这么演。

可惜，科学研究告诉我们，分手后男女的表现还真有不同，跟谁提出分手没关系，恰恰是性别导致的差异。在这种情况下，"男女平等"似乎不再有效，我们终于看出了"男"和"女"的不同之处。

这次充当情感专家的是纽约州立大学宾汉顿分校的研究者莫里斯，他表示，同样是分手，女性往往从身到心都更加痛苦一些——这个结论似乎只是论证了一个早就存在的观点，那就是痴情女VS负心汉的较量。不过，他的另一个结论则很新鲜，那就是经过分手后的调整，女性会很快走出并变得坚强，而男性则更容易沉浸在情伤之中。

怪不得那些对初恋念念不忘、还可能登上"同学会出轨，小三原来是初恋"新闻的多半是男性，原来长情的也是他们。

当然，这项研究针对的是"分手后余情未了"的各位，欢快地奔向新生活的男女们显然不在此列，他们属于异次元生物。而出现这种性别差异，还是跟生物学上男女的不同有关。

莫里斯表示，虽然人类经过了成千上万年的演化，变得跟祖先格外不同，但是基因里还是能看出远古时期的影子。比如恋爱这种事，在我们看来就是拉拉小手亲亲嘴、喝喝咖啡看电影的问题，但是潜意识里，人们还是会大开脑洞、直接考虑到"结婚生子"这个阶段，尤其是女性，往往考虑更多、付出更多。这是因为远古时期，人们基本没有"恋爱"的过程，看对眼就可能结合在一起，而孕育、抚养子女的过程又往往需要女性独自负责，男性就像其他动物中的雄性一样，多是不负责任的"负心汉"。所以，女性在一段感情中会付出更大的代价，已经成为刻在基因中的印象。

这就导致，女性不仅在挑选伴侣的时候更谨慎，决定在一起后投入的也会更多。所以，跟女生谈恋爱，其实她们个个在潜意识里都抱着"以结婚为前提交往"的念头，这还是基因决定的，外力不可控。

因此，投资越高，她们希望的回报也越大。如果一旦失去了自己认定的伴侣，女性心中那种"亏大了"的遗憾和失落感就更强。

男性则不一样，更确切地说，他们都是一群迟钝的动物，脑回路堪比树懒。可能在感情开始乃至结束的时候男性都考虑的不多，但在之后的生活中，他们会逐渐意识到，自己可能要重新付出大量的精力去追求一个对象，而且失去的那个可能才是自己最重视的，这种遗憾就成为永久性的了。

总之，就是一个短痛一个长痛的区别。那是不是男性更加谨慎一些、女性更坚强理智一些，就可以避免不必要的分手以及痛苦呢？显然，感情的事情没那么简单，遇到这种事还是相信基因的力量比较好，大脑是靠不住的。

就像莫里斯的研究，他认为分手对人的影响很大，绝大多数人在到达"三十而立"的年纪之前，都会分手大约3次。这些就是人们成长的见证，每次分手几乎都会成为一次生活中的"大地震"，让人沉浸在痛苦中长达数周或者数月。

而这之后，女性会变得越来越坚强，男性则可能记住一个永远的"白月光"。

这种心情，大概只有分手过的人才能体会。可能，人们必须得在感情上真正受挫过，才能逐渐成长起来，学会正确地对待感情吧！

在夜店，什么样的姑娘更容易被搭讪？

你知道夜店里最常发生的事是什么吗？

喝酒？唱歌？跳舞？聊天？

NO，NO，NO，

夜店里时刻都在发生的，就是"搭讪"与"被搭讪"呀！

Question 5　文艺青年的脑子里都在想什么

每个去过夜店的男女都想要享受万众瞩目的待遇，很简单，看看被搭讪的次数就可以知道了。对于这些，夜店常客、夜场皇后们想必没少做功课，但是你们能想象吗，有一群研究人员竟然用科学的手段和严谨的研究态度，对"什么样的姑娘在夜店更有吸引力"这个问题进行了专业的研究，经过大量的观察和统计之后，得出了一个——众所周知的常识。

那就是，夜店里穿得少、跳舞热辣的姑娘，更容易被搭讪。

什么？这种常识也需要研究？

看来我明天得用天文学的知识，统计一下太阳每年升起几次了……

别笑，说不定我也能得出一个准确结论呢，比如……365次？

当然，这个常识也不是人人都清楚的，我们更不知道它的影响力到底有多大，这就需要这项精准的研究来帮助了。各位立志成为夜场女王的姑娘们，不妨先来看看这份混夜店的"初级指南"。

2009年，利兹大学的研究人员进行了这项研究，不得不说，他们的课题将"smart is new sex"结合得相当完美。研究者专门挑选了一个热闹的夜店，并占据了全场位置最好、观察角度最佳的位置，然后——开始进行科学研究。

好吧，听起来是有点没有情趣，恐怕姑娘们如果知道真相，肯定会对这群家伙翻白眼的。其中，每位观察者都会选中一位姑娘，然后统计她一共被搭讪了几次。

为了更好地量化姑娘们的"魅力指数"，他们还专门弄了一套评估标准，比如对于女孩们的衣服，就有暴露程度的评估，甚至细分为衣服松紧度、胸部暴露程度、腿部暴露程度等，而舞姿是否奔放也是评判的标准之一。

总之，研究者的眼睛简直化身量尺，再性感的女孩在他们眼中也是一组数据。

> 所以各位，如果夜店里有个人深情地凝视着你，
> 他不一定是被你迷住了，
> 还有可能……
> 是在做实验！

研究人员发现，夜店的确是个勾搭异性的好地方。比如某个周六的晚上，进入夜店的1014名男女中，只有19.3%的人是结伴而来的——废话，有伴的人谁还来夜店啊！而出去的时候则不一样，成双成对的人增加到了29%左右，可见新增的"伴侣"到底有多少了。

在其中被统计的126次搭讪中，男性主动发起的次数居多，有105次。看来夜店中还是男性比较奔放，值得意外的倒是那20多次女性发起的搭讪——看来姑娘们也十分热情嘛！

而这些搭讪会因为女孩们的穿着、舞姿而有差别吗？是的，男人们似乎对穿着紧身衣、衣着更加暴露的女孩更加感兴趣。女孩们在这一刻几乎全部化身"心机girl"，她们几乎没人穿着全套宽松衣服来，不管是上身、下身，至少有一件紧身衣。而在适当范围内衣着暴露、露出"胸器"的姑娘，显然更招人喜欢。

大概是这样穿着的姑娘，给了男性极大的暗示。一般在夜店的男女

Question 5　文艺青年的脑子里都在想什么

搭讪的最终目的总与"性"脱不了关系，而这种穿着显然是更加热情的信号，更容易吸引男性。

这很正常，谁愿意在夜店里搭讪一个打扮得像严肃的教导主任一样的女孩呢？恐怕还没说几句话，就紧张得想叫"老师好"了。

而在跳舞过程中比较奔放、有性爱动作暗示的女孩，也更容易跟男性触电。而且，舞姿和衣着对男性的影响力真的很大——甚至可能比长相、身材等影响力更大。那些主动搭讪的男性中，至少有一半都被这些打扮、行为更加"热情"的女孩吸引，而这些女孩的数量还不足女生中的20%。

看来，这篇研究论文完全可以改名为"一分钟带你看透夜店男性"，不仅能让人分分钟成为夜店小公主，还有科普安全常识的作用——想绝对安全地去逛夜店吗？简单，穿一身休闲运动服吧！最好再跳一套广播体操，你觉得呢？

如何证明你是一个文化人?

水也会衰老

长生不老的课题从古研究至今，
人能长生不老吗？
这听起来有点傻，要知道连水都会老呢！
你还能比水更顽强不成？

没错，你并没有听错，我们说的就是水。是从水管中每天流出的、河流里充斥着的、喝到口中的水，它也会衰老。你可能会说："别开玩笑了，水又没有生命，会衰老？你还不如说秦始皇真的长生不老了呢！"可惜，就算听起来这么天方夜谭，水也一样会衰老。

衰老的水还有一个特殊的名字，叫"老化水"，别看肉眼无法分辨，这种"不新鲜"的水喝下去，还会对人体有害呢！

果然，食品就要新鲜的好——臭豆腐、腌腊肉之类的神奇食物除外。从现在开始，我们生活中要防备的除了苏丹红鸭蛋、三聚氰胺奶粉、皮鞋凉粉等"毒品"之外，还要新增一个成员，那就是老化水。不过，要提防这家伙很容易，只要了解了它你就很难中招了。

老化水的形成并不是一种真正的"衰老"，而是化学变化。别看水没有生命，水分子一样有活性。一开始的时候，大量的水分子在不断地运动、互相撞击，如果肉眼能看到，一定会发现它们十分活泼。但是，再永

Question 6 如何证明你是一个文化人？

　　久不间断的运动也会有速度减缓的时候，可能恰巧某个分子身边没有可以跟它玩"碰碰车"的伙伴，它就会处于运动不积极的状态。此时的水分子就会和周围的伙伴"手拉手"，形成一个链状结构，看起来像在休息一样。

　　一旦水分子不能积极地运动，就很容易找到"手拉手"的组织，从此进入更加"懒惰"的状态。而这种变化是不可逆的，也就是说，活跃的水分子必然会逐渐减少，而链状结构则不断地扩展着。这就是水在衰老的过程，当最终超过一种程度时，就变成真正的"一潭死水"了。

　　变身"死水"会有什么影响吗？不要以为这种变化只是水分子的状态产生了改变，事实上水中的物质含量也在变化。科学研究用数字告诉我们，当一杯"活泼"的水，也就是水分子运动积极的水取来化验的时候，其中含有的亚硝酸盐只有0.017毫克/升。按理说只要不添加物质，其含量是不变的，可是只需要将水存放三天，亚硝酸盐的含量就会增加到0.914毫克/升。这增长的速度，可真是防不胜防。

　　既然这样，那我们饮用不含任何亚硝酸盐的纯净水总行了吧？亚硝酸盐总不能凭空冒出来吧？不好意思，你眼前的水会告诉你，它还真能给你玩一场"从无到有"的魔术。哪怕是纯净水，放上一天也能出现0.0004毫克/升的亚硝酸盐，只要放上20天，其含量就能追赶到0.73毫克/升了。这大自然的魔术，实在让人防不胜防。

　　亚硝酸盐有什么值得惧怕的呢？它本身并不可怕，但是亚硝酸盐极容易产生"进化"，变成亚硝胺。这家伙可是致癌物排行榜中的常客，会对身体造成什么影响，不必我说你们也清楚。

　　除此之外，"衰老"的水对我们的健康还有其他不良的影响，即便你脑洞颇大，恐怕也很难想象得到。如果是未成年人经常饮用这种老化水，很容易影响生长发育，细胞的代谢速度也会减缓，而中老年人更明显,还可能出现消化神经等系统的问题,导致早衰。喝了老化水,人也会跟着"老化",这真的不是什么神秘的衰老魔药吗?这种天然健康杀手,严重的甚至可能引起浑身乏力、血压下降、腹痛腹泻等病症,长期下来导致大病一场也是有的。

所以,有饮用"老化水"习惯的各位一定要注意,为了保证自己有个"年轻"的身体,也一定要喝符合年龄状态的水啊!

故宫门上的门钉有什么含义?

俗话说得好,"宰相门前七品官",
皇宫门前的官,得有几品呢?
别说官了,就连皇宫门前的钉子都跟别人家的不同,
怪不得人人心里都有个"皇帝梦"呢!

你知道故宫门前的钉子有什么秘密吗?这里面藏着的,就是最直观的"皇权"。

为什么过去人人都想当皇帝?这明显是个吃力不讨好的差事。做个好皇帝吧,就算三更起五更睡工作也干不完,想给自己放个假还要被劝一句"不可";那做昏君好了,得了,生前有人提着耳朵骂,死后还要遗臭万年,做了好事还没人宣传。而且,这还是一个终身制工作,不能退休不说,还得时刻警惕竞争者,怎一个"惨"字了得。但是,皇权的魅力就在于此,它从生活中的方方面面昭示着皇帝的"不同",吸引着无数人咽下这块有毒的蛋糕。

Question 6　如何证明你是一个文化人？

比如大门上一枚小小的钉子，就能告诉你一个事实——皇帝和你们这群凡人是不一样的！

可不，要不是有这些特殊待遇，
谁还会老老实实做这个危险性这么高的工作。
古代人找工作也不傻呀！

在古建筑文化中，门钉是非常特殊的，只能用在门板上。有人认为，门钉最早来源于墨子所说的"涿弋"，这位可是匠人的老祖宗，说的话肯定没错。涿弋一般长两寸，钉入门板中一寸左右，外面留出一寸。这样看起来就像"凶器"的构造，显然不是为了美观大方，而是为了防止敌人火攻。涿弋一般都是纯铜的，上面涂满泥巴，露出来的部分就是为了能挂上更多泥，这样就可以有效防火了。

可见，一直研究各种器械的墨子也算是某种意义上的"战争狂人"了，一枚钉子都能用得这么凶残。

后来，它的另一种实用性就突出起来，那就是拼合木板。门板一般非常厚重，也很宽大，要找到一块这么大的原木做门，那估计全世界的老树都要被砍光了。所以，门板往往是拼接而成的，在后面用木条连接起来，加上钉子固定好，就变得十分牢固了。这时候，人们都会把门钉砸进去，如果为了装饰效果就在钉子的纹饰、大小上下下功夫，而不像墨子所说的"留一寸"在外面，毕竟谁也不愿意自己家门口挂着一堆泥巴，更不愿意晚上回家的时候被"凶器"扎成蜂窝煤。

在清朝之前，家里门钉有多少、钉几个都是没人规定的。你家的门想修得牢固一些，那就多钉几个，完全不会有人管。但是，将皇权拱到最高位的清朝到来了，情况就变了。在清朝，门钉的钉法、数量皆有规定，要是谁家不小心多钉了几个，很容易被认为是"藐视皇权"，抓进大牢没商量。

事实上，一个能发生文字狱的朝代，会出现这样细致的规定也是可以想象的。清朝人脑洞大啊！

在故宫，门钉的钉法就独一无二，每一扇门都是横九排、竖九列，合起来则是八十一枚。这个数字很容易理解，人们认为九是最大的阳数，只要是用来形容"至多""至尊"的，都喜欢用九，比如"九五之尊"等。所以，皇帝家的东西一定要最好的，钉子也得是最多的，就是"九"了。而八十一作为九的倍数，也有同样的含义。

除此之外，门钉还有其他的规格。有的是横七排、竖七排，一共四十九枚，有的则是横五排、竖五排等。这些钉子数量差这么大，会不会因为太少而导致大门散架呢？这就不知道了，反正作为硬性规定，肯定没人敢去挑战一下坏了规矩的后果。而从钉子的数量、排列上，很容易就能看出地位的差距，可见封建社会的等级森严程度。

下次去故宫的时候，一定要记得数一数钉子的数量哦！这大概是我们能最近距离感受皇权的时候了。

"压轴"指的是最后一个出场吗？

你知道什么样的人才能进行压轴表演吗？

这还用猜，都要"压"了，肯定是特别胖的。

说吧，有多胖，我能承受得住。

……

Question 6 如何证明你是一个文化人?

别看"压轴"这个词中有一个"压"字,代表的可不是"泰山压顶",而是能压住全场的表演。所以,压轴表演往往放在最后,成为最受人期待、规模最大的作品,表演者也是技艺最精湛的人。

不过,我们一听到"压轴"就认为是最后一个出场,真的是这样?虽然节目的顺序不影响观看,早晚都能欣赏到,但是这个词要是用错了,那就有些丢人了。所以,还是了解一下这个常见又不那么熟悉的词汇吧!

"压轴"最早出现在戏曲节目中,往往指的是倒数第二个节目。这个答案一定让不少人感到意外,不过仔细琢磨一下,其实也在情理之中。你看,既然有"压轴"这个节目,必然还要有个"轴"啊,不然要怎么压着呢?从这个角度解释,"压轴"还是非常生动形象的。

而事实上,它的来源正是如此。"压"指的是压倒,而"轴"则是大轴,也就是卷轴的木轴处,一般用来形容最后一个节目。压着最后一个节目的,自然是倒数第二个,所以,我们的猜测恰好合适。

把表演跟卷轴联系到一起,看似风马牛不相及,其实有它的历史原因。在过去,人们写剧本可不能用电脑,它们不是躺在桌面上几兆的文件,而是写在卷轴上的文字。为了方便查看,剧本往往会写成一个长卷,在看到最后的时候,就能露出卷轴。因此,最后一出戏就是最靠近木轴的部分,被人们形象地称作"大轴"。

大轴,就是让人迫不及待想要展开卷轴看到的最后部分,这种期待、激动的心情,通过一个词汇就能展现出来了。可惜现在我们早已抛弃了卷轴,就很难体会它的含义了。

现在的最后一出戏应该叫什么呢?

D盘第二个文件夹？还是C盘最后的Word文档？

好像听起来，还是"大轴"更有意思一些。

而"大轴"之前的，就是"压轴"，也就是倒数第二出戏。与之相似的还有"中轴""早轴"，分别指的是在中间、前面的戏。如果结合起来看，大家就不会把"压轴"的含义弄错了，只是现在很少有人再说"早轴"之类的词，我们也就渐渐习惯将"压轴"称为最后一场表演。

正是因为文化的变迁，"压轴"的含义也在不断变化，现在它已经成为泛指最后表演的词汇，到底是倒数第二还是第一，大家已经不太清楚了。但是，这个词汇背后的文化意义，我们还是应该了解一下，不是吗？

手语并不是全世界通行

遇到外国人，语言不通怎么办？

简单，比画手势就行了！

看来，世界语言千百种，还是手语最相通啊！

可是，事实真的是这样吗？

也许在遇到外国人的时候，通过自创手势的确能很好地交流，不过这要归功于你们的理解能力和表达能力比较好，可不是手语的功劳。因为手语和其他语言一样，在世界范围内都有很多种，并不是全世界通行的。

如果手语全世界都一样，我们还学习什么英语呢？干脆学手语好了，不仅到了外国毫无压力，跟聋哑人士交流也方便多了，还一举多得呢！

Question 6　如何证明你是一个文化人？

所以，你不得不承认一个事实，各个国家的手语是有差别的。为此，甚至诞生了神奇的"手语翻译"一职，两个人对着比画不同的手势，这种场景想想也很有意思。

还好，相对于全世界各种奇葩的方言、难度极大的语言来说，这些手语数量已经算是十分"手下留情"了，只有一百多种，但是这并不意味着手语在一个国家也是完全一样的。手语，一样可能存在"方言"。

之所以有这个问题，还要从手语的表达方式上说起。手语其实有两大"流派"，一种是手指语，一种是手势语。

手指语属于"简单粗暴"路线的，学习起来非常迅速，理解起来也容易，就是摆弄的时候可能会很慢。它是通过用各种手指的变化来表示字母，然后一点点地拼出拼音、单词等，表达自己的意思。要用手指语说一句话，速度基本上要用"分钟"来计算，感觉就像面对着一只树懒，两个人的时间流速完全不同步。

手指语就这样被淘汰掉了，现在普遍使用的则是手势语，也是我们最常见的手语。手势语言相对比较复杂，每一种手势都有独特的意思，它们往往是自然手势、人为手势掺杂起来产生的。

自然手势就是最古老的手势，通过手势姿态变化，我们可以很容易地看出他们在表示什么，是非常形象的。但是有些东西很难用自然手势来表示，这时候怎么办呢？人们就从各自的语言、文字方面得到灵感，发明出了其他的手势，可以通过手的动作来表达有声的语言。这种创作就完全依托于语言了，被称为人为手势。

现在可以看出，是什么让手语有了差别吧？没错，就是人为手势。自然手势很简单，不管你是在北半球还是南半球、欧美还是亚非，一些生活中的动作都是不变的，喝水就是拿着杯子放在嘴边，听就是动动耳朵，看就是眨眨眼睛，大家很容易理解这些意思。而人为手势就不同了，谁知道是依托着当地哪些语言文字产生的呢？甚至，仅仅因为创造者在这一刻的脑洞不一样，产生的手势也可能千差万别。

总之，完全是一种"怎么表达全看运气"的语言。

所以，结合两种方式产生的手势语就各有不同，不仅可能因为国家的差异有不同，还可能因为某个地域的差别、方言的影响，导致两边的手语"鸡同鸭讲"。这么看来，就算是聋哑人的世界全靠比画，也很可能出现各种问题。

现在你明白，为什么手语也不是全世界统一的了吧？如果真的要推广全世界一样的手语，对于聋哑人来说，难度不亚于我们学英语。想想学英语的苦，为了他们的幸福，还是先放过他们吧！

为什么苏格兰人爱穿裙子？

男人也可能爱穿裙子，你知道吗？
知道，小沈阳嘛！
不，我说的不是小沈阳，
而是小沈阳的老师——奔放的苏格兰男人。

在穿裙子方面，苏格兰男性绝对堪称教师级别。他们对裙子的热爱完全不亚于女性，事实上，你让一个姑娘脱下裙子换上裤装，她们可能还欣然接受，让一个苏格兰男人从此不穿格子裙，不好意思，他能立刻跟你拼命，让你见识一下什么叫穿裙子的男人惹不起。

为什么苏格兰人不论男女都如此热爱格子裙呢？这跟他们独特的历史有关，下面我们就走近苏格兰男人的内心，看看他们心里住着的那个爱穿裙子的"小公主"吧！

苏格兰裙最典型的特色就是格子样式，这种方格短裙虽然看起来款式还挺新潮，其实有着悠久的历史，最早是一种被称为"基尔特"的服饰。由于苏格兰位置偏北，冬季比较寒冷，这种用花呢织就的短裙非常保暖、方便，因此很受游牧民族的喜爱。有趣的是，基尔特的特征特别鲜明，必须要有连续的、明显的方格在上面，才能叫基尔特，其他的估计只能被称为"呢子短裙"。苏格兰人的审美，就是这么任性。

而基尔特作为民族服饰，如今更是成为了苏格兰的文化标志。就像我们之前说的，如果你不让苏格兰人穿短裙，他真的能跟你翻脸，因为他会认为你否定了他们的文化。事实上，这样的事情也不是没有发生过。

1707年，苏格兰和英格兰正式合并了。从此开始，苏格兰人跟英格兰人长达几百年的"较劲"开始了，从几年前的苏格兰独立公投就能看出，哪怕是到了现在，倔强的苏格兰人还是不愿意向南方的英格兰人低头。

自此开始，苏格兰境内的反抗斗争就没有停息过。他们想要获得独立，想要反抗政府，光有武装力量是不够的，还要发扬苏格兰人的民族文化，这才是反抗的"软实力"。那，苏格兰有什么不一样的民族文化呢？

一样都是游牧民族起家，一样生活在这片土地上，苏格兰和英格兰的差别虽然有，却也不大。此时，全世界仅此一家、最具有苏格兰风味的标志——短裙就成为了人们瞩目的焦点。对啊，英格兰的男人可不穿裙子。于是，它作为民族服饰，更成为了苏格兰人反抗的文化象征。

苏格兰人挥舞着短裙这个文化大旗，英格兰人也并不傻。1745年，苏格兰人的武装起义又一次被英国王朝镇压了。这一次，英国人终于忍不住向他们的裙子下手，想从根本上消除这个文化隐患。这就是英国历史上非常有名的"禁裙令"，它的意义，跟民国时期"剪辫易服"的政策是一样的，都是为了更好地融入另一种文化。

"禁裙令"的要求非常严格，不让苏格兰人穿裙子，只能选择英格兰的服饰——这是要由外及内地打造"苏格兰英格兰是一家"的氛围啊！如果不小心穿了裙子怎么办？这可不是罚款就能解决的，说不定就要被关进监狱、驱逐出境，怎一个"惨"字了得。

苏格兰人能听话吗？当然不能，他们对苏格兰裙代表的传统服饰那是相当执着，尤其这个政令还是老对头英格兰人下发的，更不能让他们乖乖听话了。于是，长达30多年的时间里，苏格兰男人一直在为自己争取"穿裙子"的权利，终于在1782年，让英国改掉了这一禁令。

所以，想让他们放弃穿裙子，你首先得有强过英国政府的实力，就算这样还不一定能成功呢！表面上，这是苏格兰人"爱裙子"的特殊文化，实际上，这代表了苏格兰民族几百年来不服输的抗争。而这一切，都蕴含在一条小小的短裙中。

啤酒瓶盖为什么是21个齿？

你数过啤酒瓶盖上有多少个齿吗？

相信很少有人去数它，

毕竟喝醉了的时候，连啤酒瓶有多少都不一定能数清呢！

而且，啤酒瓶盖上的齿数难道不是随机的吗？

Question 6　如何证明你是一个文化人？

啤酒瓶盖看似十分简陋，那些凹凸不平的齿就像随便捏出来的一样，其实有着严格的数量规定。现在我们能看到的啤酒瓶盖，那都是按照国际标准生产的，仔细数一数，全部都是21个齿。

这严格的标准有什么用呢？就算全世界的啤酒瓶口和瓶盖都是一个标准生产的，可以随机配对，对我们来说也没什么意义。要知道，这盖子可是一次性的，连重复利用的价值都没有，谁还在意它的款式。可是，啤酒瓶盖的生产要求还真就这么复杂。

目前通行的啤酒瓶盖，全部是根据德国制定的标准"DIN6099"制造出的。只要达到这个标准，做出来的瓶盖除了颜色、商标不同，全都一模一样。是的，这种"一样"不仅指瓶盖的齿数、瓶盖的形状，甚至连它们的制造材料、直径大小都有规定，细致到了极点。

一个小小的瓶盖，充分向你展示了什么叫德国式的严谨，看来德国人喜欢喝啤酒的传言应该是真的，要不他们怎么能在瓶盖上费这么大心思呢？

而之所以定为21个齿，是因为瓶盖虽小，里面的技术含量却不少，21个齿的瓶盖刚好符合需求。英国人亨普雷表示，21个齿是在精密计算下取得的最佳数量。啤酒瓶盖肯定要有良好的密封性，同时，它还需要牢固地固定在瓶子上，否则分分钟就掉了，还不如不要。密封性要求瓶盖必须得有大量的齿，而牢固性又表明，齿太多就容易松。这样权衡之下，21个齿的数量刚刚好。

除此之外，关于"21个齿"还有另一个解释，这跟瓶盖制造技术的变化有关。啤酒瓶盖的最初标准来源于威廉·佩特，在他之前，这种有齿的瓶盖已经诞生了，但是人们并不知道齿数对瓶盖有什么影响，所以大家都十分随意地制造瓶盖，瓶盖齿数有多有少。

我相信，在知道啤酒瓶盖的严格标准之前，大多数人也都是这样认为的，显然，这就是你与发明家之间的差距了。虽然绝大多数人都对瓶盖有多少齿毫无兴趣，但架不住总有一些好奇宝宝，威廉·佩特就是其中之一。他发现，将瓶盖的齿数保持在24个时，能造出最好的瓶盖。

佩特先生显然是个头脑灵活的人，他有了这个发现后，就火速注册了专利，一夜之间完成了"暴富"的目标。后来，很多年间人们都遵循着这个标准制造瓶盖，佩特先生也充分享受到了智慧带来的好处。

但是自动机器出现后，问题就出现了。过去的瓶盖基本上是半手工制造的，压瓶盖的机器是脚踏式，需要有人将瓶盖套上、一个一个地压好，费时费力。而机器被发明出来后，劳动力就解放了，但是24个齿的瓶盖就成了问题——它和机器相处得不太融洽。瓶盖会被装入进料管中，直接输送出去，如果是24个齿的瓶盖，因为齿是双数比较对称，稍不留神就容易堵住管道。如果将瓶盖的齿改成单数，问题就不会出现了。

这时，瓶盖的齿数应该怎么选呢？是21、23还是25？经过研究，人们发现还是21个齿的瓶盖密封性更强，所以就抛弃了24齿的瓶盖，选择了新的行业标准。

就这样，现在的瓶盖齿数终于固定了。当然，未来会不会有更先进的技术取代21齿的瓶盖呢？显然，这是肯定的。技术发展的魅力就在于此，它能让我们越来越便捷地享受生活，享受美味的啤酒，不是吗？

为什么美国人把足球叫Soccer？

学过英语的人都知道，
美国人管足球叫"soccer"，

Question 6 如何证明你是一个文化人？

英国人却叫它"football"，

拜托，你们两家五百年前不是一家吗？为什么非要用两套语言？

这对学外语的我们实在是太不友好了！

没错，对于足球这个词，全世界使用英语的国家几乎都叫它"football"，简单又形象，就是脚底下的球嘛！偏偏以美国为首的"叛逆分子"不这么叫，他们有自己的习惯，那就是"soccer"。最后，还是我们这些以英语为外语的国家无辜躺枪，一下子又多了一个单词的任务。

这就让人十分怨念了，为什么美国非要另辟蹊径，抛弃好用的"football"不用，新创造一个"soccer"呢？研究人员告诉我们，这个锅美国不背，罪魁祸首还是英国。

原来，"soccer"这个词最早是英国人发明的，美国人只是顺利地将其发扬光大而已。在美国转了一圈后，它才又回到英国。所以，要怪还是怪脑洞大的英国人吧！

"soccer"这个词其实由来已久，甚至比现代足球的历史还要长。早在欧洲中世纪的时候，英国就出现了"soccer"这项运动，它也的确是一项跟脚、球有关的运动，但并不是现代的足球。

没关系，作为足球的近亲，它的可玩性也很高，因此顺理成章地被人们所追捧——这一点从现代人对足球的热情上就能看出来了。作为新奇的活动，"soccer"一时间成为贵族青少年的最爱，比如著名的伊顿公学的学生等，都非常欢迎这项运动。

渐渐地，脑洞大开的爱好者们就不满足于它不规范的游戏规则了，希望能将这项运动改进得更好、更有趣。

人类对于运动和玩乐的热情是无穷的，有了这个需求，一些学校很快就实施起来。1863年的10月，一群来自不知名学校的不愿透露姓名的人士，成立了"Association Football"，即最早的足球协会，然后将商量好的规章制度搬上了台前，逐渐有了足球的雏形。

这样玩了几年后，又有一些学校的俱乐部不乐意了，他们觉得这项运动显然还可以有别的玩法。于是在1971年，他们创造了一个"Rugby Football"运动，玩法更类似于橄榄球。

就像打擂台一样，大家把这项运动玩出了花样。因为各自都有自己的追捧者，逐渐地，"football"运动有了两大流派——当然不是少林和武当，而是我们所说的"Rugby Football"以及"Association Football"。显然，它们不能都用"football"这个名字，于是一个被称为"rugger"，另一个则是"soccer"。

前者就是后来的英式橄榄球，后者自然就是备受喜爱的足球了。

进入20世纪之后，这个词汇以及这些运动逐渐传入了美国，美国人民一下子傻眼了——我们的"football"不长这样啊！原来，美国人也发扬爱运动的精神，发明了自己的"football"，就是现在的美式橄榄球。它只有一个流派，自然没有取其他名字，而是直接被称为"football"。结果当英国版的"football"一出现，大家就发现了问题，名字撞了！

为了避免鸡同鸭讲、此"ball"非彼"ball"的问题出现，美国人就采用了足球的另一个名字，将其称为"soccer"，这样美式橄榄球就不用改名了。

于是，一场改名风波就在美国人的机智中消失了。这一说法，在

1905年的《纽约时报》上可以得到验证，当时足球运动作为一种比较新奇的运动，还曾登上过报纸向人们科普。根据这篇文章的介绍，足球运动在两个国家都被称为"soccer"，而橄榄球则各不相同，有自己的名字，就像我们之前介绍的一样。

这样看也没问题，可是英国为什么在后来又"变卦"了，舍弃了"soccer"这个词呢？

通过对当时新闻的统计，人们发现，在第二次世界大战之后，全世界都在广泛地使用"soccer"这个词，它与"football"都是足球的代称，只要能听得懂、可以交流，人们并不在意要用哪个。

直到二战后的一段特殊时期，英国人不知道被触碰了哪根神经，突然开始讨厌自己的美国兄弟了。就好像较劲一样，美国人用什么，英国人偏偏就不想用。比如美国口音的英语，在他们眼中就是"俗"的代表，美国人的生活习惯，也被英国"绅士"们所鄙夷。总之，完全是一副两兄弟分家产、撕破脸的状态。

此时，英国人发现美国用"soccer"来形容足球，他们就有些不高兴了。既然你用"soccer"，那我就用"football"。于是，英国媒体、群众越来越少地用这个词汇，最后它几乎成为了美国的专利。

这么看，"soccer"这个词显然十分无辜，只是因为两个国家在历史上的文化摩擦，导致它成了牺牲品。

飞行中的足球为什么会拐弯？

你见过飞行中的足球还能突然拐弯吗？

没错，你没眼花，

这一刻足球简直被香蕉灵魂附体，

再不科学的弧线也一样能划出。

如果说足球场上有什么堪称"神之手"的特殊技巧，那"香蕉球"肯定包含在内。尤其是在罚任意球的时候，甭管球门前的人墙有多高、多宽，挡得有多么严实，一个在空中能完成华丽转身的"香蕉球"，照样能够跌破众人眼镜直飞入网。明明它看起来马上要飞出球门外了，偏偏还能再拐个弯转进网中，这大起大落实在是让守门员欲哭无泪啊！

而足球为什么可以在空中转弯呢？明明没有人给它一个力，它却能神奇地拐弯入门，就像长了一双眼睛似的。

该不会，它真的被什么灵魂附体了吧？

先别紧张，足球转弯的奥秘当然不是什么灵异事件，只要问问罚球的运动员，你就能知道其中的秘密了。它之所以能转弯，是因为球员在发球的时候用了一些"小心机"。

如果直接踢中足球的中心，足球自然会直直地飞出去，但是球员偏偏不这么做。他们踢中的是足球的一侧，而且在将其踢飞的时候，还用脚背摩擦一下球的表面。

这就像抽陀螺一样，保证足球在空中飞行的时候还能不断旋转。加上踢中的位置偏向一侧，足球就不能直线飞行了。

此时，球员可以暂且放松了，飞行的足球却"压力山大"。它一边迎着正面吹来的空气，一边还因为不断地旋转，导致周围的空气被带动成为了一个小"气旋"。现在问题来了，围绕足球旋转的空气和正面吹

Question 6 如何证明你是一个文化人?

来的空气一叠加,就导致一边空气流速变快、一边变慢。

举个例子,如果球在空中是顺时针旋转,外面的空气也随着顺时针转动,那么结合正面提供阻力的空气,你就会发现右边的两股空气流速是方向一样的,速度更快;反之,左边的空气速度更慢。

那么,不一样的空气流速会导致什么后果呢?

两边不均匀的流速,直接导致空气压力不一样,这就是流体力学中的伯努利原理。它告诉我们,只要空气的流动速度越快,它给物体的压力就越小,这也是飞机为什么能起飞的原因——是空气把它托起来的啊!

所以,足球的两边压力不同,它会自然地转向压力更小、空气流速更快的一边。当球员用自己的右脚来一个"香蕉球"的时候,是用右脚内侧摩擦球的表面——如果用外侧的话,球可能就直接飞出去了,场面实在难以直视。这时,球是逆时针旋转的,右边空气流速慢,球就会受到向左的力。于是,它在空中就会发生向左的偏转,本来一股劲往右飞,突然就划出一道弧线来了个"声东击西"。

别看足球没有生命,一样可以跟你玩三十六计。

因此,不是没有人给足球一个转弯的"力",只不过给它力的"神之手"是无形的空气,我们看不到而已。

香蕉球的原理听起来简单,想要掌握好却不容易。可以说,不想当好科学家的足球运动员,是踢不好香蕉球的!也许他们不懂这其中的物理公式、运动轨道该如何计算,但是球员在踢球的那一瞬间,已经将这些知识灵活地运用起来了。

飞机遇险时为何不能跳伞逃生？

坐飞机时遇到危机怎么办？

沉着，冷静，系好安全带……

不，当然是先把降落伞抱在怀里！

什么？客机上没有降落伞？等我回去一定要投诉它！

每当看到飞机发生空难的新闻时，相信不少人都有疑惑：这都千钧一发的时刻了，为什么没有人选择跳伞呢？可别说一飞机的人全都恐高啊！

的确，在大片上经常出现的"跳伞逃生"场面，在现实中好像从没有见过。基本上客机一旦遇险，就只能依靠机长的智慧和运气了。此时，乘客除了乖乖坐在椅子上，也就剩下祈祷这一件事可以做。为什么客机不预备降落伞，也没有人给乘客准备跳伞呢？

这一问题要解释起来，必须从多个方面入手。首先就是民航客机的飞行高度不佳，无法准备跳伞。千万别以为"跳伞"这件事什么时候都能进行，当飞机太高、太低的时候都没办法，而民航客机恰好就经常处于这两种尴尬的高度。

正常飞行的时候，飞机的高度一般都在8 000~10 000米以上。这是什么概念？窗外的气压低到几乎打不开飞机门，要是把机舱打开，乘客别说站在飞机边准备跳伞了，恐怕分分钟就会连着座椅一起被吸出窗外。

就算成功跳下去，室外的环境也相当恶劣。就算你恰好躲过了恐高

Question 6 如何证明你是一个文化人?

症这个难关,也还有低温、缺氧等问题等着你。从万米高空玩跳伞,如果没有充足的准备,基本上等于自杀性行为。

而飞机最容易遇到危险的时候,恰好又是在起飞、降落的阶段,这个高度的环境倒是适宜人生存的,可惜——太低了。乘客们跳出窗外,可能还没反应过来要开降落伞,就"吧唧"一声酿成惨剧了。就算打开了降落伞,没有足够的高度消除冲力,一样很容易导致受伤。所以,在低空中跳伞也不成立。

> 低空还能跳伞?我不信。
> 就看飞机里乘客的数量,
> 光在舱门口排队就能排到明年!

除此之外,飞机的飞行速度也是阻碍乘客跳伞的因素之一。可以跳伞的飞机,在空中往往速度很慢,甚至是处于近乎"悬停"的状态。而客机则不同,它们的速度一般能保持在260米/秒。现在问题来了,飞机上一共也没几个舱门,如果在发动机前面的舱门开始跳伞,还没接触到自由的空气、来一场肆意的飞翔呢,你就会因为飞机在快速向前飞,而刚好撞进发动机里。

好么,发动机变身绞肉机了,空难现场直接演绎恐怖大片。

那选择在发动机后面的舱门跳伞怎么样?嗯,你也许可以多活几秒钟。因为后面的出口虽然避开了发动机,但我们降落的速度赶不上飞机向前飞的速度,快速划过的尾翼很可能刚好卡在跳伞乘客的腰部,然后……这场景太过血腥,大家自行想象吧!

如此对比之下,与其尝试危险的跳伞,还不如老老实实在飞机里待着呢。

就算以上客观问题都搞定了，乘客本身技术达不到，一样没法进行跳伞。普通人跟电影大片的男主角还是有很大差别的，他们不管是记者、工人还是流浪歌手，在关键时刻都能化身极限运动达人，跳伞冲浪全都能hold住。可我们则不然，没有经过正规的训练，就能无师自通地学会跳伞？就算在危急时刻小宇宙爆发，也不可能达成这个目标。

所以，让什么都不懂的乘客选择跳伞，基本上跟送他们早早上路没有差别。尤其是一些乘客的年龄、身体素质都达不到要求，在跳伞过程中出现问题也是极有可能的。最重要的是，不加选择地就去跳伞，谁知道会降落到什么地方呢？万一下面正好是太平洋中心，方圆几千公里没有陆地，难道还真要来一场奇幻漂流？

最后，也是最现实的一点，那就是民航客机的门压根打不开。没错，哪怕您脑洞大开，已经给自己脑补了无数帅气的跳伞姿势，并且拥有风骚的专业技术、能克服各种客观难题，也一样不能体验跳伞的感觉。因为民航客机的舱体是密封加压的，在高空中与外界隔绝，飞机内外大气压完全不同。机内大气压远超过机外，如果客舱的门可以轻易打开，那意味着它的密封性不强，在高空中很可能被外面的空气"吸走"，乘客也就都被吹飞到飞机外了——这才是最大的危险事故。所以，客舱的门密封性很好，一般是打不开的，跳伞这事大家还是别想了。

总之，不管从哪个方面看，跳伞这项帅气的活动，都跟民航客机无缘。我们坐飞机最大的希望就是安全，相信也没有人愿意体验一下这样的活动吧！

Question 7

不是你不明白,是这世界变化快

为什么冰球运动总爱打架？

冰球绝对是最奇葩的运动，
球员在场上"单挑"，打得不可开交，
两边队友起哄助威、裁判在旁边看热闹，就连观众也欢呼雀跃，
这样的场景，你在其他运动场见过吗？

只要冰球运动存在一天，橄榄球就绝对不能夺下"最野蛮球类运动"的奖杯。你们觉得看起来就像摔跤、没事就见血的橄榄球运动很野蛮？不好意思，跟"奉命打架"还自带武器（冰球杆）的冰球运动比起来，那绝对算得上绅士了！

冰球运动容易打架的问题很难避免。跟其他运动比起来，运动员们穿着冰刀在冰上快速地滑行，速度堪比"飙车"，最重要的是还不自带刹车。这时候，球员之间很容易就撞在一起。这种身体摩擦最容易出事故，撞翻了自己家的队友还有可能被唠叨呢，如果恰好干扰到了对方球员，愤怒之下挨顿揍也是很可能的。这时候，一场战争就在所难免了。

这个问题无法避免，怎么办呢？机智的冰球运动管理者们另辟蹊径，想出了最佳解决办法——既然打架不能避免，那就让他们自由地"切磋"吧！

没错,这大概是球类运动中最令人跌破眼镜的官方规则了。当然,为了防止好好的运动变成一次血肉横飞的打群架,这项"打架"许可的要求也比较苛刻,双方只能单人单挑,而且不能手持武器。

想打架?先把手里球杆放下。

所以,看过冰球运动的人都知道,这个看似十分优雅的冰上运动,其实就像点燃引线的炸药桶,上一秒还在跳着"冰上芭蕾"呢,下一秒就能来一场肆意的斗殴。而且,因为这是符合规定的,有时候裁判如果制止了斗殴,观众还要嘘声一片呢!

真不知道,这群冰球观众们到底是来看球的,还是来看打架的。其实,就像斗牛、拳击等运动备受喜爱一样,人们似乎天生对与"打架"有关的运动格外感兴趣,自己不能亲自上阵,也得看别人热血沸腾一把。所以,不少观众还真是为了看"打架"来的,如果运动员秉持着友谊第一、打架第二的原则,没有直接动手的话,他们还会明确表示失望。

街道大妈:冰球有什么好看的?我天天都能看到,不花钱!

观众:你从哪里看的?

街道大妈:不就是打架嘛,我每天在路口拦住好几个。

看起来,我也有当裁判的天赋啊!

为了更好地在球场上"打架",打得漂亮、打得让观众满意,球队干脆设立了"执行者"一职。能成为执行者的球员不用进攻好、不用防守强,只要长得高、身体壮、打架好。没错,他们就是每次上场5分钟、专为打架准备的球员。别看这些球员一上场就意味着可能"揍人"或者

"挨揍"，工作就是牺牲自己的肉体保护队友，总是站着上场、躺着下来，他们可是球队中人气最旺的角色！

执行者这个简单粗暴的角色很好地解决了球队中的打架问题。他们站在场上，就是在说："敢动我的队员你试试！分分钟抽你丫的没商量。"一旦自己的队员受了干扰，立刻挺身而出，充分展现什么叫"不尿，就是干"。

其实，他们虽然是按规定打架，在球场上斗殴完还是会受到处罚，这时就体现出执行者的意义了——如果他们能挑衅对方的重要球员，让对方忍不住撸袖子上阵，就可以轻松减少对面的战斗力。这个战术就完美地解释了执行者的牺牲精神。

有趣的是，冰球运动的打架还不是"突袭"，而是十分绅士的、双方达成共识的打架。别看打架的过程野蛮，前期与后期的流程却是"一丝不苟"的。首先，双方得有打架的原因，可能是肢体上的碰撞或者动作上的挑衅和干扰。然后，想打架的球员就会凑在一起，"含情脉脉"地注视着对方，用眼神告诉对手"是时候来一场男人之间的对决了"。

此时，身经百战的裁判往往能发现他们的意图，就会主动退后，给双方清场。没错，裁判虽然一会儿还要处罚他们，但是在打架之前却是完全的"帮凶"，这才是最明目张胆的钓鱼执法啊！

然后就要打架了？不，要打架的队员会先脱衣服。把装备都卸下来后，他们才会正式开打。这时候大家可不会遵循"打人不打脸"的潜规则，都是直接上脸招呼，毫不客气。

等一方被打倒之后，打架就结束了。这时候又是裁判出场的机会，处罚是少不了的，说不定还要停赛5分钟。不过，这惩罚的严重程度跟足球、篮球场上打架的后果比起来，可真是不痛不痒。

所以，冰球场上打架还真不是什么严重的事。你以为他们打得势不两立了？不好意思，说不定下了场人家就勾肩搭背一块吃火锅去了。这种特殊的规定，让冰球成功成为了冰上运动中的一朵奇葩。

为什么黑人游泳运动员比较少？

> 为什么奥运会里，很少看到黑人游泳运动员？
> 这可能是奥组委在下一盘棋。
> 如果让这群运动神经发达的家伙涉足游泳，
> 岂不是要把所有的金牌都包揽？

不管是奥运会还是其他运动会，游泳项目都是白种人、黄种人的天下，却很少见到黑人。总不会真的是因为黑人让着我们、特意给我们留一些金牌来争夺吧？还好，黑人虽然运动天赋强，还不至于强到这种地步，他们很少有人涉足游泳，跟特殊的体质、环境、社会发展水平和经济回报都有关系。

总之，是十分复杂的原因导致的。

首先，黑人的肌肉结构和我们不同，天生注定在游泳这方面不擅长。优秀的游泳运动员即便不能化身"美人鱼"，也比一般人在水中轻盈多了。这跟他们的骨骼密度、肌肉密度等都有关，只有肌肉密度较小的人在水中才更容易漂浮起来，真正体会到"如鱼得水"的滋味。

这一点，相信不少人都有体会。有的人在水中可以轻易浮起来，有的人却是"秤砣"体质，不管怎么样都会沉底，这就跟肌肉密度有密切的关系。从人种上看，白人的肌肉密度最低，只有1.5克/立方厘米，而黑人则能达到11.3克，几乎是白人的4倍。黄种人的体质就比较中庸了，恰好在两者之间。所以，游泳运动里最"天才"的就是白人，人家天生就是为水而生的，其次则是黄种人，黑人大概就是完美诠释"遇水沉"这三个字的代表。

因此，黑人在游泳项目上天生没有优势，而他们在田径等运动上又可以轻松完虐对手。既然如此，为什么非要找自己的短板去跟人比呢？黑人兄弟们显然也很聪明，这笔账还是算得很清楚的。

不过，我们也不能一竿子打翻一船人，就算黑人不适合学游泳，也一样有机会出现优秀的游泳运动员。就像"飞人"刘翔一样，你说亚洲人不适合跨栏？不好意思，人家不打乒乓球，照样可以拿冠军。可是，黑人中为什么就没有出过游泳版的"刘翔"呢？

这就需要考虑另外的原因了。最阻碍黑人培养游泳运动员的，就是社会发展水平。黑人运动员中，来自非洲国家的比例很高，我们必须将他们的国情考虑进去。这些国家可能刚刚脱离战争，有的国民还生活在饥饿、贫困之中，虽然代表国家出战的运动员肯定不会饿肚子，但他们的训练条件一定会受到影响。

田径运动对训练场馆的要求不高，反正非洲到处都是平原、草原，想找崎岖不平的山地都不容易，随便找一块平地就能练习，还能顺便跟大自然近距离接触，运气好说不定能跟野生动物打个招呼呢！可是，其他场馆的建设就不容易了。

如果国力不足，建设游泳场的条件基本没有。在一些非洲小国，运动员甚至连标准场地的游泳馆都没有去过，还要去国外才能训练。就算有这样的场馆，普通孩子能享受到学习游泳的待遇吗？显然不能。可是体育运动本就需要从娃娃抓起，孩子们没法学习游泳，谈什么培养运动员？

因此，那些需要运动场、依赖设施的运动，比如网球、羽毛球等，都很少见到黑人的影子。原因很简单，没钱啊！

在非洲，能学游泳就基本上算是土豪了，
各位会游泳的朋友，知道怎么最快变身土豪了吗？
简单，买一张去非洲的机票就行！

总之，群众运动的发展水平，会直接影响到国家的体育实力。因为非洲国家很难推广游泳运动，就错失了难得的运动员，也就很难培养出自己的游泳健将了。

除此之外，学游泳对于黑人还是个吃力不讨好的事，从经济回报角度上看，完全不划算。黑人擅长的体育项目有很多，不管是篮球、田径还是橄榄球，经济回报都很高。也就是说，这些运动员往往都是大写的"rich"。而游泳就不一样了，本来黑人就不擅长，前期投入高不说，风险也很大。就算辛辛苦苦练出来，还可能获得不了很好的收益，大概是脑子被门夹了才会选它吧？有这个时间，他们都能培养一打篮球明星，在球场上完虐我们了，既然如此，何必浪费精力呢？

综合起来看，游泳运动在黑人眼中的确不是很吃香，所以很少见到黑人运动员也是情理之中的事了。

国产电视剧胸口中弹为何总是七窍流血？

在国产电视剧中，中枪的人有各种"死法"，
有的人一定说不完遗言，有的人身中数枪还能虎虎生风，
还有的干脆七窍流血。
难道是子弹有毒？还是打中了脑袋？
这个问题，困扰了我很久。

这些年，一些国产剧因为编剧越来越大的脑洞、演员越来越浮夸的演绎，而成为各种电视剧中的一朵奇葩。我们常常看到剧情中有人中枪了，而中枪的朋友们表现显然不太正常——明明是胸口中弹，为什么突然七窍流血了？就算不是"七窍"，也得鼻血横流。这让人不禁怀疑，是不是金庸先生写了现代武侠剧，在子弹上还涂了见血封喉的剧毒？不然，为什么会流血？

也有可能是角色最近上火，刚好赶上流鼻血了呢！
什么？太巧？
这跟编剧的脑洞比起来，绝对符合常理！

事实上，"七窍流血"的中枪者，往往是为了让观众加深对演员的印象。在这个颜控的时代，演员在飙演技之余，基本上都是靠脸吃饭。事实上，就算表现演技，人们也会侧重于通过面部表情来体现。所以，

让人们对演员的脸感兴趣,是一件很重要的事。

这不,有些明星就连演技都不需要了,只要保养好自己的脸,哪怕坐在那里嗑半小时瓜子,照样有一大票粉丝围在那里看。所以,导演在展现剧情的时候,也更希望将它集中在人脸上。

就拿子弹射入胸口这个剧情来说吧,子弹的速度有多快?"嗖"的一声就飞出去了,而胸口前的伤显然也不能大肆渲染,太血腥了吧,广电总局不能通过,不血腥吧,谁没事盯着你的胸瞧?这时候,就只能通过语言、表情来表现被子弹射中的痛苦。

这时,"七窍流血"的好处就体现出来了。演员捂着胸口,一张嘴"哇"吐出来一大口血,一抬头,两行鼻血止不住地流,这冲击力足够吧?观众一看就能明白——这人伤得很重。再配上几句惨号、两句断断续续的遗言,大家都能感同身受。

这就是艺术与现实的差距了。现实是真的中枪,而艺术则是要让别人感受到中枪。虽然不少国产电视剧跟艺术是不怎么沾边,但是在表现上,还是按照这个思路在走的。

表演的精髓就在这里,我痛不痛苦不重要,重要的是要让观众感受到痛苦。那么问题来了,现实生活中胸口中弹会口鼻流血吗?

七窍流血就不用问了,肯定不会发生这么夸张的事,除非胸口中的弹还附带剧毒、闪光、噪声效果。

事实上,一般胸部中弹是不会导致口鼻流血的。子弹射中了胸腔,穿透的往往是肺部、心血管、心脏等。如果是心脏不幸中弹了,血液肯定是从伤口处往外喷射,这里失血的速度就够快了,根本赶不及再从口鼻流出去。如果是肺部中弹,最明显的后果就是呼吸困难、缺氧,胸部可能会出现大量的血泡,也不会有口鼻流血的状况。

所以，中弹之后如果口鼻流血，最大的可能只有一个，那就是摔倒在地上的时候不小心碰了鼻子、咬了舌头。另外，哪怕是刚好赶上上火流鼻血，都比其他原因更有可能。

所以，下次各位在看到国产电视剧中七窍流血的场景时，就不要把它当成故事片来看了，还是看作灵异片比较靠谱。

为什么胖子更容易在车祸中死亡？

> 每个胖子可能都听过小S的一句话，
> "要么瘦，要么死"。
> 你觉得这夸张吗？科学告诉你，她说的还真没错。
> 就连遭遇车祸，胖子的死亡率也比较高。
> 胖子：我招谁惹谁了！

在这个看脸的社会，"胖"是一个特别遭人嫌弃的词。胖，意味着跟美丽无缘，跟健康有距离，还有可能面对各种弊端。很多人表示："当你胖的时候，你的生活毫无希望。"

而不幸的是，又一项研究结果重重地打击了胖子的自信，它告诉人们——胖的弊端的确很多，就连出车祸都更容易死亡。

好吧，从另一个角度看，至少死神还是挺青睐胖子的，不知道你们是否被安慰到了呢？

这项很容易引起胖子抗议的古怪研究，出自加州大学伯克利分校。研究人员通过分析1996年到2008年的资料，发现在美国的车祸事故中，肥胖的驾驶员更容易出现死亡。

各位占地面积稍大的朋友先别急着质疑，我们可以通过数据来自行分析，看看他们的结论是否正确。

研究人员选择了比较合适的3403起车祸样本，这些车祸的记录都比较完全，将驾驶员的个人资料、是否使用安全带及安全气囊等都详细记录在内，保证结果更加严谨。根据统计，这些驾驶员中超过60%都是男司机，而30%左右的司机都处于16到24岁之间——年轻人就是容易冲动啊！而其中，30%以上的司机并没有按规定系安全带，属于不安全驾驶。当然，这些数据跟"胖"这个字完全没关系，所以我们重点关注最后一项数据，那就是驾驶员的体重。

在所有车祸的驾驶员中，有46%都属于正常或偏瘦，而18%的驾驶员完全可以称为"肥胖"，剩下的大多都是体重超标人士。这些驾驶员里，正常体重的人死亡率要远远小于肥胖者。如果按照驾驶员的肥胖程度由轻到重分为一到三级，那么一级肥胖者比普通驾驶员的死亡率要高21%，而三级肥胖者干脆高出80%。

也就是说，胖子不仅一不小心把体重吃成了普通人的一倍，连死亡率也跟着涨了将近一倍。难道体重和死亡率是成正比的？

而这其中，如果肥胖者还是女性，死亡的可能性更大。在生死关头，万恶的性别歧视又在发挥作用，实在令女性同胞们愤恨不已。不过发泄完了怒火，还是得关注一下死亡率，如果是女性一级肥胖者，死亡率比一般人高36%，而三级肥胖者干脆涨到了140%以上。这种情况下还能幸免于难，就真的是非常幸运了。由此看来，死神比较喜欢杨贵妃这一款的妹子，对胖姑娘的青睐程度让人惊讶。

胖子们不小心在车祸中躺枪，以后开车也得小心翼翼，并不意味着瘦子就有了免死金牌。研究的另一方面告诉我们，胖子容易倒霉，瘦子也一样，车祸中同样更容易丧命。所以，最安全的莫过于正常体重的驾驶者，他们才是幸运的宠儿。

对于车祸跟体重的研究还在继续，如果这项研究真的得到了广泛认可，也许以后就会有根据我们的体重量身定制的汽车了。到时候，大家可以挑选"加肥版"和"纤瘦版"的汽车，就像挑选衣服一样，你们觉得如何呢？

听说日本人的姓氏很奇怪？

你听过那些古怪的日本姓氏吗？

有的人姓"田中"，一看就是朴实的农民后代；

有的人姓"渡边"，好吧，可能祖上是个船工；

还有的人姓"犬养"……

请问，你的祖宗是不是演过"狼孩"？

中国人的姓氏繁多，有"百家姓"的说法，当然，现存的姓氏绝对不止百家。而日本人的姓氏除了多以外，还有一个特点，那就是"怪"。如果说"田中"这样的姓还算常见，那"犬养"真的不是在骂人？还有诸如"四月一日""数十万人"等姓氏，这样的名字写起来真的不觉得长吗？

日本人的姓氏之所以这么稀奇古怪，是因为他们曾有一段仓促的"起姓"历史。在1875年之前，绝大多数的日本平民都是没有姓的，这是贵族阶层才有的特权。而明治维新的时候，人们终于发现有一个姓氏的重要性，就将起姓的权利放给了平民。

可惜，对于这个政令，平民们表示：干我屁事。有没有姓氏对他们来说没什么差别，反正大多数人有个类似"狗蛋""小花"之类的名字就足够了，谁管你是谁家的狗蛋、姓什么的小花呢？

政府一看，没辙了，只好在1875年颁布强制性的政策，表示"只要是国民，必须有个姓"！于是，全民族人民为了完成任务，纷纷开始给自己想姓。

也就是说，日本人有姓氏的历史，其实才一百多年。

在这种"赶鸭子上架"的情况下，本来就没多少文化水平、对取姓也不太注重的老百姓，就更没心情思考自己要取什么姓了。他们很多人都是临时找人取的姓，也许一个村子里稍微认字的人，就得负责全村人的姓氏。而更多的情况下，人们习惯于找和尚、户籍官员取姓，这些人批量生产之下，就算再才思敏捷也照样招架不住，一旦灵感枯竭，很多奇怪的姓氏就诞生了。

比如现在常见的"田中""田边"等，多半都是家里种地的农民，运气好的话能得到一个"吉田"的姓氏，还有丰年的好兆头呢！如果你家住在河边？那就叫"川口""河边""渡边"之类的吧！就这样，一个姓氏还能顺便定位自己家的位置，再方便不过了。

除此之外，姓氏还可能来源于家附近的特殊标志物。像是"松本""竹内"等，不用怀疑，他们家附近一定有不少松树竹子，听起来还挺风雅呢！

但也有人没这么幸运，取的姓氏格外古怪，不知道他们的后人有多么郁闷。比如"犬养""猪饲"等，这样奇怪的名字听起来就像在骂人。其实，这很可能因为他们祖上就是操贱籍的百姓，可能是养狗喂猪的，所以才得此名。当然，也不排除是户籍官员故意为难他们，看他们态度不好、孝敬不够，就故意起一个粗俗的姓氏，以达到背后骂他们的目的。

类似这样的姓氏还有不少，比如"猪股""御手洗"等，前者是指猪屁股，后者则是指厕所，简直是"色香味"俱全的姓氏，真不知道他们都是怀着怎样的心情选择的。也许是为了贱名好养活？日本的确也有这样的文化，也很可能是出于这个原因，才取了这些姓。

还有的日本姓氏则是按照街道名字取的。比如"东条""南条""九条"等——放心，绝对不是按麻将名字取的。这些人可能祖上住在城市中，附近既没有田地也没有河流，户籍官员干脆偷懒，直接按照街道划分给他们取了姓氏。相同的思路在中国也出现过，比如"第五""第二"等特殊的姓氏，就来源于居住地划分。

就像中国有单姓也有复姓一样，日本人的姓氏也不全是两个字，有的字数长得令人惊讶。比如"四月一日""八月一日"这样的姓氏，肯定为难过不少刚学会写自己名字的孩子。之所以有日期为姓氏，有可能是百姓们自己的生日，或者有特殊纪念意义的日子，甚至可能是户籍官员给他们登记姓氏的日子，这样取姓显然省时省力。

剩下的一些长姓则让人忍不住怀疑，是不是户籍官员在登记的时候随意地吐槽了。比如"十七女十四男"这样的姓，难道不是他们在吐槽对方家庭人口过于繁盛吗？当然，也有可能是登记时错误地把人口写到了姓氏上，反正百姓也不识字，阴错阳差地有了这么个独特的姓氏。至于"数十万人"……肯定不是家族人口数就是了。

日本人的姓氏最长能有多少字呢？7到12字不等，都是曾经出现过的长姓。比如"藤木太郎喜佑之卫门将时能"这样的姓氏,确定不是把皇帝的谥号搬上来了吗?

有趣的是,虽然全日本的人现在都有了姓氏,天皇却是没有姓的。这是因为他们认为,天皇不属于"人"的范畴,不需要有家族、姓氏的束缚。事实上,看了日本人这些稀奇古怪的姓之后,我们不免怀疑,真的不是因为天皇嫌弃这些姓太难听,所以才拒绝的吗?

外国人真的不会嗑瓜子吗?

嗑瓜子是中国人的一项全民运动,
那外国人是否也嗑瓜子呢?
这我还真不清楚,
不过我确定,只要他们嗑过一次,绝对离不开它了。

对嗑过瓜子的人来说,它对我们的吸引力堪称零食界的海洛因,只要拿起一个,就完全停不下来。这种独特的魅力,哪怕是外国人也无法抵挡。不过,如果他们根本没有尝试过嗑瓜子、没打开过这扇大门,他们还会嗑瓜子吗?

还别怀疑,有些国家的人的确从没有嗑过瓜子。远的不说,就说我们的邻居日本和韩国,按理说都是东亚国家,文化圈最接近,在吃零食上应该也没有差异吧?不,韩国号称"什么都是韩国的",却偏偏没向瓜子伸出过魔爪;日本将中国围棋、茶道等种种文化发扬光大,就是没有领会到嗑瓜子的精神。

在这些国家，瓜子是可以吃的，但一定要是剥好的。你要是给他们一把带壳的瓜子，他们会尴尬地表示：那不是喂鸟的吗？

没错，瓜子他们愿意吃，但是一旦套上外壳，不好意思，人家就不认识了。在"吃"这个方面，我们的邻国显然表现得比较死板，并没有把钻研精神发挥起来。所以，要想请外国人嗑瓜子，你的确得先弄清楚他们到底会不会嗑、有没有嗑瓜子的习惯。

那是不是所有的外国人都不会嗑瓜子？"外国"这个范围可太大了，除了中国之外，肯定还有其他国家的人会嗑瓜子，这完全不用怀疑。因为，瓜子本身就是从国外流传到中国的。

最开始食用葵花子的人是印第安人。别看在大多数人的印象中，印第安人就是脑袋上插着羽毛、身上涂着彩绘，有着神秘习俗的落后部落，其实他们的饮食也很丰富。印第安人很早就学会了做蛋糕，他们还会将瓜子碾碎之后加进去，让蛋糕的味道更好。如今的美国就有很多糕点、曲奇饼干来源于印第安人的手艺，这其中少不了瓜子。

所以，美国人会吃瓜子，更会嗑瓜子。有很多棒球运动员在场边休息的时候，都用嗑瓜子来打发时间，对他们而言，这至少比吃薯片健康得多，而且也很有意思。

嗑瓜子时那种机械性的、令人上瘾的节奏感，让很多人都难以拒绝。

到了16世纪的时候，瓜子被人们带到了欧洲，逐渐传播开来。最开始，人们误会了瓜子的用途，把这种尖尖的小玩意用来当装饰品，就像我们过去将辣椒作为观赏植物对待一样。尔后，俄国人发现了瓜子的好处，他们每年都有固定的大斋期，很多食物都需要忌口，而葵花子油、瓜子则不在此列，于是，它作为拯救人们味蕾的美食开始流行。

现在的东北就将瓜子称为"毛嗑",据说就是因为它是"老毛子"——也就是俄国人喜欢嗑的零食。由此可见,俄罗斯人应该是会嗑瓜子的。

除此之外,欧洲还有不少国家的人嗑瓜子的技术相当高超,最值得一提的就是西班牙。这个被认为最像中国的欧洲国家,有很多和我们类似的习俗,尤其是嗑瓜子。如果举办一个世界嗑瓜子大赛的话,在西班牙人面前,我们还不一定能获胜呢!

> 西班牙人嗑瓜子绝对有种族优势,
> 西班牙语的绕口程度,足以让他们的舌头打结,
> 常年累月的锻炼,嗑个瓜子有什么难度?

西班牙人热爱瓜子到了什么地步呢?走在美丽的西班牙广场上,到处都能看到坐在长椅上成双成对……嗑瓜子的人。他们不仅嗑瓜子,还一边嗑一边将皮丢在地上,看起来接地气极了。这一场景是不是让很多人觉得熟悉,忍不住冲上去喊一声"亲人"呢?

西班牙人似乎认为,瓜子皮属于植物,并不是垃圾,所以广场上到处能看到瓜子的"残骸"。看来,清理瓜子皮这件事,在哪个国家都是个难题啊!

尤其是西班牙的甲级足球联赛上,每年要消耗将近几千吨的瓜子。观众们一边嗑瓜子一边看球,看得着急了,直接把瓜子丢进球场抗议的行为也是有的。而球员似乎觉得这种做法还不错,因为曾有人拍下类似的一幕:球星卡西利亚斯捡起对方球迷丢进场的"凶器"——瓜子,不仅没有愤怒地扔掉,还拿在手里不时嗑两个,就算戴着手套和护具,也

丝毫不妨碍他灵活的动作。

万众瞩目的球员尚且如此，更何况场下的观众了。我们完全可以想象，在西班牙的球场上，将听到怎样嘈杂的"咔嚓咔嚓"声，不知道的还以为窜进了一千只耗子呢……

总之，外国人嗑瓜子这件事显然不能一概而论，有的国家嗑瓜子的传统比我们还久，有的则把这个技术锻炼得格外熟练，还有的可能连怎么嗑都不知道。一枚小小的瓜子，就能让我们感受到不同国家的风貌，有没有觉得很值呢？

奇葩的国家，大街上竟然没有红绿灯？

有的国家竟然没有红绿灯？

甭管是哪国，反正不会是中国。

按照中国式的堵车状况，没有红绿灯，就连自行车都没法骑上街了。

不学会跑酷，你都没法从路上顺利脱身！

哪怕拥有大量的红绿灯，有无数交警在街头巷尾认真工作，我们身边照样该堵车还是堵车。这时候，如果有人告诉你，有个国家压根不需要红绿灯，你会怎么想？

羡慕嫉妒恨？还是毫不迟疑地反问："你说的不是天堂吧？"

不管你怎么想，这个国家还真的存在，在整个国境内，你找不到一个红绿灯。人家政府理直气壮地表示："我们不需要这种东西。"

Question 7　不是你不明白，是这世界变化快

这就是欧洲历史最悠久的国家之一——圣马力诺共和国。听名字也知道，这是一个欧洲小国，或者称它为"迷你国"更加合适。被意大利包围起来的圣马力诺面积只有61.2平方公里，相当于一个小城，还不到北京面积的1/200。国土面积的狭小，让圣马力诺有了不安红绿灯的底气——反正国家也不大，堵车能堵多久？

不过，圣马力诺虽然小，车辆却不少。别看整个国家只有2万余人，居民拥有的汽车却达到了5万余辆。从这一点可以窥见，圣马力诺的居民绝对是"不开车出门会死星人"，平均一个人就拥有2辆汽车，这是什么概念？

按理说，这么多的汽车集中在一个小城大小的国家，也应该造成交通拥堵，但是圣马力诺却没有这种现象。堵车对他们来说是极少见的，就算有，也不需要交警来调停，人们很快就能自行疏散。事实上，在这个连红绿灯都没有的国家，我很怀疑他们到底有没有交警。

能够出现这样井然有序的场面，除了归功于圣马力诺的居民都遵守交规之外，最重要的原因还是这里的公路设计独特、交通管理便捷适宜。在圣马力诺，你很难看到双向车道，几乎到处都是单行线，还有大量的环形道路。要是你在环形道路上迷路了，就会不断地绕回到原路，围着固定的建筑物转圈，不一会儿就能晕了。

在单行线上，车辆都往一个方向开，就很难出现两边互相堵住道路的场景，采用这一个设计，就可以彻底地避免堵车。而这种简单的道路规划，的确不太需要红绿灯的存在。

可是，遇到岔路、路口时怎么办呢？圣马力诺的交通规则比较简单，小路的驾驶员先让行大路的车，而支线道路的车要让行主线道路。总而言之，就是车流量小的路段要先让车流量大的路段先行。为了防止

粗心的驾驶员不小心冲入路口,在每个交叉口上都能看到明显的"停车"字样,所有汽车都需要提前停下看清楚,保证周围没有车的时候才能开进去。

当然,这两个简单的规定能顺利地实施起来,很大一方面也是依赖当地人自觉遵守交通规则。如果人人都视交通规则如无物,就算是圣马力诺这样小的城市,一样需要为了交通问题焦头烂额。

现如今我们的城市深陷"堵车"之中,是怪道路规划不畅,还是怪驾驶者不够遵守交规呢?答案是显而易见的。如果大家都能遵守交规、提高行车素质,就算我们摆脱不了红绿灯,也可以让城市脱离"堵城"的泥潭。

听说法国人认为埃菲尔铁塔"丑爆了"?

你喜欢美得像艺术品的埃菲尔铁塔吗?
对这个问题,很少有人说"不"。
不过,听说法国人就很讨厌它,
确定这不是"得了便宜还卖乖"吗?

埃菲尔铁塔作为法国的地标式建筑,每年都会吸引大量游客前去参观。甚至有不少"铁塔饭"专门前往法国,就是为了圆自己在埃菲尔铁塔下来一张自拍的愿望。

可以时常看到埃菲尔铁塔的法国人,在这方面成为不少人羡慕嫉妒恨的对象。不过,好像也只有这个浪漫的国度和埃菲尔铁塔更配,把它挪到其他国家？这画面有点难以想象。

但是，法国人自己可不这么想。在很长一段时间，他们都认为埃菲尔铁塔是"丑爆了"的建筑，有多丑？属于"看一眼都要眼瞎"的程度。这还真不是他们在变相炫耀，而是真的对埃菲尔铁塔深恶痛绝。

之所以有这种态度，是因为埃菲尔铁塔诞生的年代，恰好是一个大变革的时期。古典主义美学与现代主义的碰撞，导致拥有传统审美的人们很难接受这么"奔放前卫"的风格。就像我们在看时装秀时，经常难以理解设计师的审美一样，因为我们的审美就不在一个水平线上啊！

想象一下这个场景：

在19世纪的巴黎，人们还热爱着文艺复兴式的美学，几乎所有的建筑都带有古典意味，到处是优美的穹顶、壁画，法国式的浪漫一览无遗。这里，最让人称道的地标建筑就是圣母院、凯旋门与卢浮宫。

然后，政府突然表示，为了纪念法国大革命胜利一百周年、迎接巴黎世博会，要建一个全钢铁的、高达300米的庞然大物，还必须选在市中心。

这真的不是在建一个大号避雷针吗？听起来画风就不太对啊！

当时的人们对埃菲尔铁塔的观感，大概就像我们看央视的"大裤衩"、春晚的"猴赛雷"一样，满满的都是槽点。

果然，以"保卫巴黎艺术"为终生奋斗目标的各位文化人士坐不住了，他们联名发表了抗议信，表示这座铁塔简直就像个"黑色的工厂烟囱"一样，除了不冒烟，没有一点好处。不仅画风清奇、拉低整个巴黎的"逼格"，还会用巨大的影子遮住巴黎圣母院、凯旋门的光芒。

怎么看，怎么像是竞争对手派来的设计师。

不仅如此，在埃菲尔铁塔开始修建的时候，市民们还专门签署了联名请愿书，连《泰晤士报》都刊登了这一消息。巴黎的市民又怎么会普通呢？在这里，一块广告牌掉下来都能砸死几个艺术家，在请愿书上看到莫泊桑、小仲马这样的大人物也在情理之中了。

除此之外，科学研究者也来掺和了一脚。一个数学教授表示，通过他精密的计算，埃菲尔铁塔顶多能建748英尺高，因为当它有这么高的时候就得塌了。还有一位研究者声称，以后塞纳河里不会再有鱼，因为全都会被埃菲尔铁塔的灯光"闪"死。

还有"铁塔在下沉""铁塔改变巴黎气候"等种种说法，就差说埃菲尔铁塔建起来，地球磁场也得改变了。事实上，这些问题当然没有出现，但在当时实在造成了一阵恐慌。

> 不知道有没有人选择这样的课题当毕业论文？
> 那他们肯定天天在家里祈祷埃菲尔铁塔出事故吧！
> 最重要的是，他们顺利毕业了吗？

你可能会说，也许这是因为他们还没看到铁塔建成的美貌，所以才大放厥词？不，就算埃菲尔铁塔建成后，人们照样激烈地批评它——甚至这种浪潮更严重了。

向政府请愿要求把这个钢铁巨人拆掉的市民，几乎都能组成一个游行队伍了。而法国的文艺工作者更极端，诗人魏尔伦每次都绕着埃菲尔铁塔走，当然不是"惹不起躲得起"的意思，而是为了防止看到它污染自己的眼睛。而莫泊桑总是在埃菲尔铁塔二楼的饭店吃饭，你以为他是喜欢那里？不好意思，是因为那里是全巴黎唯一看不到这家伙的地方。

后来法国人是怎么改变对埃菲尔铁塔的看法的呢？当然不是它用

"美貌"征服了群众,而是因为它很有实用价值。作为纪念碑存在的埃菲尔铁塔被人物尽其用,在一战中变身"无线电发射台"——全钢铁的结构,一看信号就挺强。战后,它作为一大功臣,终于有了自己的位置,并被艺术家们赞赏。

"看,这是多么美丽的无线电发射台啊!"这才是人们喜爱它的原因。这大概就是"明明可以靠脸吃饭,却偏偏要靠才华"的典型代表,要不是这么内外兼修,它怎么可能如此神奇地获得几乎全世界人的喜爱呢?

《江南style》风靡世界的科学解释

一个灵活的胖子,念叨着"欧巴江南style",
竟然就火遍全球了?
这是什么道理?
不就是口水神曲嘛,谁不会唱啊,赶紧换我来!

当《江南style》火遍整个世界的时候,我们明白了一个道理:原来这样的神曲,全世界人都抵抗不住它的吸引力。现在你明白广场舞大妈们为什么青睐凤凰传奇了吧?他们唱的都是一个风格的洗脑歌啊!

2012年,这个假装自己挥着马鞭的胖子——鸟叔,就唱着"哥哥江南范儿"登上了全世界最热单曲的宝座。在YouTube上,《江南style》成为点击量最高的视频,就连比伯小哥的《baby》都望尘莫及。

甭管大家是不是羡慕嫉妒恨,反正人人听完这首曲子后,都会产生一个问题：这就能火遍全球？换我我也行啊！

当然，这样的疑惑在脑海中转悠几秒，他们还是会控制不住自己的手，忍不住选择"循环播放"。不过，为什么《江南style》能这么火呢？关于它的解释，各种专家还真有不同的意见。

社会学家表示，《江南style》听起来低俗，其实带有浓厚的文化特色。对韩国人来说，它抓住了社会的关注焦点——江南！富人区！上流社会！随便引申一下，这首歌就是对贫富差距的讽刺啊！是韩国后现代艺术忧国忧民的体现啊！

咳咳，到底是不是这样，见仁见智吧！

心理学家则表示，这事你得从心理学上入手。他们认为鸟叔的形象特别符合西方人对亚洲男人的看法，他们认为亚洲人要么是李小龙的传人，要么是高中里脑回路奇特的学霸，要么就是捧着《论语》神神叨叨的儒学大师。而鸟叔，刚好集合了很多特色。

合着亚洲男人在他们眼里就是穿西装、爱蹦跶的胖子？这说法我们不服！

最后，还是另一种说法比较有理。美国教授詹姆斯·凯拉瑞斯认为，这首歌的风靡是人类大脑的某种神经运动导致的，这种运动被称为"耳朵虫"。

也就是说，《江南style》刚好跟耳朵虫"臭味相投"，所以一拍即合成了好朋友，这可是跨越种族、语言而直接跟大脑交流的恋爱，所以才能获得全世界的追捧。

"耳朵虫"不是大脑中的寄生虫，而是一种特殊的认知瘙痒。当某些独特的节奏、音乐被我们接收的时候，就能激发大脑的"瘙痒"感。这种感觉就像身体某部分痒痒一样，让人忍不住把注意力都集中在上面，不断地挠、痒、再挠、更痒。大脑的这种"瘙痒"又不能伸手解决，所以只能不断地重复听这些音乐，最终形成"洗脑"效果。

类似的说法，在19世纪就被提出了。德国心理学家艾宾浩斯认为，人的大脑会不自主地提取记忆。我们的大脑就像个信息处理库，所有的内容不是单独存放的，而是根据与其他信息的相关性大小存储的。当我们需要提取其中一个信息的时候，很容易牵连附近的区域，导致想起类似信息。

简单的例子，就是看到蓝天就想到白云，看到阴天就想到下雨。

这就导致，当我们看到《江南style》中疑似在骑马的鸟叔随着简单的节奏蹦跶时，自己也会联想到各种骑马、运动的场景，而忍不住跟着他一起起舞。同时，单调的音乐片段更容易记忆，很容易让人觉得"绕梁三日"，过耳不忘。

凯拉瑞斯表示，"耳朵虫"就是因此而出现的，它是大脑中我们无法控制的运动，每当听到"神曲"式的音乐时，"耳朵虫"就会让人产生不由自主的联想。这些联想出现的时间很短暂，但是足以加深我们对神曲的记忆，甚至让人上瘾。

有了这家伙的鼎力支持，各种神曲逐渐席卷我们的脑海。它们就像看视频之前弹出的野广告，虽然不是正餐，但看多了之后却记得最清楚。哪怕听了再多的高雅音乐，一样无法消除神曲的毒害。

非要避开这种"荼毒"，恐怕只有一个办法了，那就是好好捂着自己的耳朵，千万不要再听。不过，你确定自己能办到？

Question 8

那些困扰人们生活的古怪问题

"第二屏效应"让你患上抑郁症

你是否畅想过这样的场景：
等我有钱了，包子吃一个扔一个，
豆浆喝一杯倒一杯，
还要开着电脑玩手机，全都用流量，那叫一个爽！
不过，这样可容易得抑郁症哦！

这个神奇的抑郁症跟扔包子倒豆浆都没关系，而是同时开着多个媒体设备导致的。也就是说，不管是电脑、电视、手机还是平板，这些电子设备最好不要同时开着，否则就会引发"第二屏效应"，很容易被抑郁症盯上。

一边看电视一边玩手机，看起来正常吧？就连春晚都跟马云爸爸合作，鼓励大家一边抢红包、一边看节目、一边刷微博吐槽呢！可见，就连电视台都在利用"第二屏"，努力地提高人们观看电视的兴趣，以此提高收视率。

可惜，研究人员发现，这个做法容易引发脑部病变，导致人们情绪受影响甚至抑郁。

脑部病变？天啊，不会变成脑残吧！怪不得我觉得自己智商有点下降呢。原来是看电视抢红包闹的啊！

Question 8 那些困扰人们生活的古怪问题

这个研究来自英国萨克萨斯大学的一个团队。这个实验邀请了75名实验者，研究人员对他们的脑部进行了细致的扫描，并调查了他们日常生活中使用电子设备、观看多媒体信息的各种习惯。

他们通过对实验者的检查和行为分析，发现经常开着两个以上电子设备的人，大脑前扣带皮层的体积比一般人更小。而使用多媒体设备时间比较长、较为频繁的人，大脑前扣带皮层的灰色物质密度更低。

也就是说，他们大脑的这个部位，似乎在使用多媒体设备的过程中，逐渐变小了。不会……真的脑萎缩了吧？

前扣带皮层承担的是什么工作呢？其中的神经系统主要负责处理我们的情绪，除此之外，一些心理活动也是由这部分大脑皮层负责的。比如在进行逻辑推理时，就需要调动它，而大量的冲动行为也依赖前扣带皮层的控制。要是这部分大脑皮层罢工了，我们很可能会变成一个逻辑混乱、行为冲动、决策失误的家伙。

总之，就是心理出现异常。这也是为什么"第二屏效应"可能导致抑郁症发作的原因了。

而令人担忧的是，在智能设备普及的现在，几乎人人都体验过同时开两个多媒体设备的生活。英国研究者的调查发现，青少年中至少有60%左右在看电视的时候玩手机，这已经成为他们的新常态。

孩子，拿什么拯救你那即将坏掉的大脑神经啊！

不过研究者也表达了另一个观点——也许正是一些人的前扣带皮层较小，他们才喜欢同时开多个电子设备。将因果关系一颠倒，似乎就洗脱了电子设备的"恶名"，不过，这是不是意味着"第二屏效应"无害呢？并不是，过度地依赖各种电子产品，本来就会伤害大脑神经，所以这种行为只会导致恶性循环。

现在的年轻人啊，拿起手机就能cos傻子，

只会瘫坐在一边"哈哈"笑，

智商下降得就像跳楼一样快，

说大脑神经没问题都没人敢信！

因此，神经系统学家开普克罗十分担忧，人们越来越依赖电子设备，却完全没意识到自己正在一点点"变傻"，以后很可能会出现普遍的社会心理问题以及认知障碍。

难道人们会被自己亲手创造的电子设备送回到原始人状态？这听起来很像人工智能的阴谋啊！

总之，他们的研究告诉了我们，日常生活里电子设备的使用，都会影响到我们的大脑结构，从根本上改变人类的心理、思维方式。事实上，任何一种生活方式，都可能在后天刺激我们的大脑产生不同的变化，比如经常开车的人，大脑的海马体就会变得比较发达，这就是后天刺激造成的。

最可怕的是，普通人还没意识到这一研究结果的重要性，还沉浸在智能设备带来的好处中不能自拔。等到真的遇到麻烦时，可能就晚了。那时候，我们可能就变成真脑残了啊！

洗冷水澡能让我们冷静吗？

刚运动完浑身发烫，兴奋得停不下来怎么办？

没关系，洗个冷水澡冷静一下就好了，电视上都是这么演的。

实在不行……再来个冰桶挑战？

不知道从什么时候起，人们对"洗冷水澡冷静一下"这件事深信不疑。我们经常看到电视上，熊熊怒火的男主角就像个被点燃了引线的炸药桶，为了克制自己，深吸一口气抄起身边的水杯兜头就浇了下来——把自己淋成落汤鸡，似乎就能瞬间冷静下来。

最重要的是，看起来效果还不错。

更多的时候，人们洗冷水澡是为了获得身体上的"冷静"。比如很多人在运动之后，浑身又热又紧绷，来不及散发的热量就要把自己从内而外烤熟了。这时候，他们就喜欢洗一个冷水澡，不仅能瞬间降温，还觉得可以学习毛主席提高抵抗力呢！

可惜，这种办法效果似乎并不好。当我们精神兴奋或者身体很热的时候，洗热水澡的"冷静"效果可比冷水澡好多了。

不管是运动后身体发热，还是精神激动得整个人都要上天，我们的身体都会有类似的反应，那就是血管扩张、血流速度加快。此时，心跳强度、速度也比一般情况下快，所以不少人都会有"心脏在耳边跳""马上要从胸腔蹦出来"的错觉。

此时，如果冲冷水澡的话，身体骤然接触到凉水，的确会感到冰爽和冷静，不过这种"爽"是一时的，接下来的不适则会伴随我们很久，身体差点的甚至就只能在医院见了。

因为在冷水的刺激下身体会迅速收缩血管、关闭毛孔，就像"砰"的一声关上了大门，原本正向外狂奔的热量一下子被关在了体内，很难发散出来。此时血管受到的压力就很大，身体也会因为骤然的反差而出现异常。

尤其是脑部的丰富血管，本来就十分敏感纤细，如果被冷水刺激一下，皮糙肉厚的也就罢了，一般人立刻会感受到头晕、头痛是什么感觉。严重点的，恶心呕吐甚至血管破裂、颅内出血也是有的。

所以，千万别跟自己的身体作对。它想发散热量，你就不要拦着它，干脆让身体将热量更快地发散完，自然而然就"冷静"下来了。

热水澡的效果就是如此。在激动的时候洗上一个热水澡，因为热水的温度高，会加速体内的血液循环，也让血管得到充分的扩张。这样一来，热量的消耗就更快了，还能够很好地清洁皮肤毛囊、促进新陈代谢。因此，不少人洗完一个热水澡后，都会感觉"全世界就我最干净""瞬间变身小公主"，因为热水澡的确带走了身体的废物，让我们精神更加舒畅。

而此时，皮肤排汗的愿望得到了满足，多余的热量也全都散发出去了，身体的需求被满足，自然就能够得到放松和冷静。这种策略就是"堵不如疏"，看来治水和洗澡有异曲同工之妙。

除此之外，热水澡还对我们的神经有好处。如果说冷水澡就是刺激神经的罪魁祸首，热水澡则是让其放松的利器，不少人一边泡着澡一边昏昏欲睡，就是因为神经太舒缓、放松了。所以我们不推荐在浴缸中泡太久热水澡，万一睡在里面很容易被呛到的！神经放松之后，情绪就会平稳下来，有很好的镇静作用，还能止痛、抗敏呢！

和洗澡有着类似效果的，还有喝饮料。夏天的时候，大家不管是心情烦躁还是酷热难耐，都喜欢喝一瓶凉饮料"冰镇"一下自己。不过，我们的身体可不是这么说的，它更需要一杯热饮呢！

热饮虽然温度高，刚入口的时候会让人十分抗拒，但是对肠胃却特别好。夏季我们的身体内环境温度较高，如果喝下的是一杯热饮，就会导致体温更高了。你可能会觉得，这不是弄巧成拙吗？还真不是，因为这样身体就能接收到"热"这个信号，自然而然地通过内分泌来调节，不管是加速排汗还是排尿，都是降温的办法。

非要喝冷饮强迫身体降温，它只会用行动告诉你——强扭的瓜不甜。所以，还是得依据科学，让身体自发地做出我们想要的选择。这么看，还是喝热饮比较有效。

总之，不管是为了养生还是更好地"冷静"自己，大家都不要太贪凉，没事还是多洗热水澡、多喝热饮，让自己更加健康起来吧！

对号为什么写成"√"？

为什么我们都用"√"来表示"对"呢？
难道这一笔里有什么独特的含义？
最有意思的是，全世界都在不约而同地用它，
我的天哪，这不巧了吗？

对于我们来说，很多字符的使用历史已经太久了，我们根本不知道它是怎么产生、演变的，反而觉得它们这么使用就是理所应当的。比如看到"×"就想到"乘号"，看到"="就知道是"等于"，看到"√"就是"对号"。但是你们想过没有，这些奇怪的符号绝不是凭空冒出来的，它是被人发明出来的。

为什么它会写成这样呢？这样的形状又有什么特殊之处？这种疑问放在"√"身上，显得更加扑朔迷离了。

因为，不管是中国还是西方，在过去都有使用"√"的习惯。跨越了半个地球的不约而同，难道真的是一个简单的巧合？

先来看看它在西方的历史。"√"的起源来自英国，一开始的意思就是"对""正确"。和这个国家糟糕的中小学数学教育不同的是，17世纪英国的数学家层出不穷，当然现在也不少——虽然我们很疑惑，这么差劲的数学教育是怎么培养出数学家们的。不过，"√"却不是数学家发明的，而是来自教师的灵机一动。

当时，英国的老师们也会给学生批改课后作业，就像我们的老师会在作业上写"优""良"一样，他们看到对的作业，就会在旁边写一个"right"，表示正确。久而久之，老师们就觉得自己的工作量太大了——没看到这个单词有好几个字母吗？

英国人的懒是出了名的，能少写一个字母，他们绝对不会多浪费一滴墨水。于是，人们就想了个办法，用"r"这个首字母来代替单词，表示正确。大家都知道，老师们批作业的速度很快，笔迹往往很潦草，字更是怎么方便怎么写。由于"r"这个字母写起来特别像"√"，而后者更加简单方便，于是它就在教师圈子里流行起来了。

后来，世界上都开始用"√"这个符号作为对号。

那么，问题来了，中国在这之前就用"√"这个符号了，它到底算不算舶来品呢？还别说，我们的确有很多证据证明"√"是中国的土特产。

"√"最常见的是出现在古代的判决书上。就像我们之前说的，古代死刑并不是随便执行的，全国的死刑名单都要由刑部审核后，交给皇帝阅览，请皇上"勾决"——也就是要皇帝在名单上画"√"。所以，遇到死刑完全可以向皇上"走后门"，只要皇帝面前的红人说说好话，让皇上在看到名字的时候别打钩，就能够捡回一条命。

明朝时，狡猾的严嵩同志就是利用这一点，在给皇上呈名单的时候偷偷加上了眼中钉杨继盛的名字，结果粗心的嘉靖帝没仔细看给打了个钩，一代直臣、明朝第一硬汉就这么冤屈被斩了。

不过总体来看，这个符号的出现很好地减少了皇帝陛下的工作量。因此一直到现代，在死刑公告上都能看到犯人名字后的"√"。

除此之外，"√"还出现在录取名单上。古代的名单都得张榜贴告示，到最后一名的时候就会画一个"√"，告诉大家名单没问题，而且这张榜是非常完整的。别怀疑，那些名落孙山的学子如果脑洞够大，完全可以想象出"自己上榜了只是名字不小心被人撕掉了"这样的理由。因为这个红色的"√"，人们还将榜上最后一名戏称为"坐红椅子"，是不是十分形象呢？

还有的时候，"√"会用在账本上。每次核查完账目的时候，就会在最后的地方打一个钩，这就表示已经检查过了、没问题。

所以，在中国古代，人们的确是频繁地使用"√"，而且它往往是"已经检查，正确无误"的意思，也有"对号"的作用。这么看，也许真的是中英两国人民的脑洞开到一起去了呢！

后来英国式的"√"用法传入中国，我们也就顺理成章地利用起来了。

所以，现在我们的生活中，"√"的使用频率、适用范围特别广泛，这可完全是"中西方结合"的结果啊！

土豪帖：牙膏挤得越多越好吗？

牙膏挤多了效果好吗？

土豪：你管我，有钱就是任性！

不过，你确定这种任性不会影响健康？

没事咽下去一口可不是闹着玩的！

我们都知道，很多牙膏中含有微量的氟。氟元素过量对身体有害是很多人都知道的，所以不少牙膏都打出了"不含氟"的广告，以标榜自己健康无公害。也因此，有了这样一个传言：

牙膏不能挤太多，不然容易吞下肚，造成氟中毒呢！

这下，就算任性的土豪也不好意思再多挤牙膏了，万一哪天把自己毒死咋办？不过，一些人表示，牙膏多挤一些刷起来特别令人满足，所以完全不想改掉这个习惯，就算可能中毒也不改！这才是真汉子。不过在称赞之前，我们得先弄明白——牙膏挤多了到底好还是不好？

支持多挤牙膏的群众表示，牙膏当然得挤够量才行，越多越好！如果牙膏挤少了，看起来就让人紧张，生怕刷到一半没泡沫了，只能让牙刷干蹭牙齿，多尴尬啊！

支持少挤点牙膏的群众也有话说，刷牙本来就浪费不了太多牙膏，挤多了不仅浪费，还容易不小心把牙膏吞下去，万一传言成真，那不就害了自己吗？

而口腔疾病防治中心的专业人士则表示，牙膏的用量不必多，当然也不能太少，只要有一厘米左右就行了。超出这个范围，基本上就是浪费，因为太多的牙膏很容易从牙刷上掉下来，清洁作用完全发挥不了，一不小心还能吞下肚。作为日化产品，就算没有毒性，经常吞一口牙膏也是很影响食欲的。

不过专家也告诉大家，吞牙膏容易导致氟中毒这件事，绝对是谣言。应该说，即便是含氟牙膏，对身体的危害也不大，大家如此"谈氟色变"，很大程度上还是受了各种广告的误导。

很多人都不清楚，氟元素其实是我们身体必需的微量元素之一，就像钙铁锌一样。只有过量摄入的时候，才会出现副作用乃至中毒。而牙膏中的含氟量本来就很少，只是为了防止出现龋齿。我们又没有什么"吃牙膏"的怪癖，也不会每天啃上几管，只是偶尔吞一点牙膏是完全没问题的。

就算日积月累，也不会造成"千里之堤溃于蚁穴，健康身体毁于牙膏"这样的后果。如果十分敏感，就注意避免让3岁以下的宝宝使用含氟牙膏即可。事实上，对于儿童而言，只要是牙膏都有可能吞下肚，所以很多医生干脆建议孩子用清水刷牙漱口，只要频率高一些就可以。

现在土豪有话说了，既然牙膏用多了不用担心氟中毒，而我就喜欢挤很多牙膏，我不怕浪费，也不怕吞一嘴泡沫，是不是就可以尽情享受大量的牙膏了呢？

不好意思，不行。因为虽然牙膏中的氟对身体没什么影响，其他的化学物质可是很"给力"啊！牙膏中有几种比较"危险"的成分，比如月桂醇硫酸钠，人们认为摄入过量会导致口腔溃疡、肠胃病，这就是慢性"穿肠毒药",严重的话还能导致口腔癌症。而牙膏中还会有大量的研磨剂,想要牙齿光亮白净少不了它,但是用多了就会伤害牙龈,相信大家都不愿意没事就牙龈出血、时时一嘴铁锈味吧!

所以,综合来看,就算没有氟中毒这个问题,牙膏还是少用的好。只要按照标准使用,就不必担心它的效果不好。实在不行,还可以采取其他办法清洁牙齿嘛,为什么总跟牙膏较劲呢?

"太阳的味道"还是"螨虫大烧烤"?

你喜欢晒过被子后那股"太阳的味道"吗?
很多人都说,那是螨虫被烤熟的味……
原来是蛋白质的味道,
看来喜欢晒被子的孩子,内心都住着一个爱吃肉的灵魂啊!

近些年伴随着网络世界的发展,越来越多的人能在网上找到自己的"同好",也就是有着相同爱好的小伙伴。

就拿晒被子这件事来说吧,大家凑在一起一聊,才发现——原来你们也喜欢那股"太阳的味道"啊!这种追忆童年的话题还没少上微博热搜。

这时候,照例就有"专家大神"出来解密了:"你们以为那股味道是哪来的?傻了吧,那就是螨虫被烤熟的味道啊!"

这样"毁童年"的答案,就以震碎三观的力量迅速地传播开了。事实上,这股味道真的是"螨虫烧烤摊"散发出来的吗?

各位看官可以动用自己的常识来思考一下。事实上，太阳晒被子的温度跟地表温度差不多，只要不在赤道地区、不在极端天气，一般也就能达到40多度。要是螨虫连40多度的温度都抵不过，不仅被晒死了还被"烤焦"，那这群家伙也太脆弱了吧？这还是那群生生不息、在我们的生命里深深扎根的小伙伴吗？

就算螨虫真的这么脆弱，它们作为浑身蛋白质的生物，被烤熟的味道也应该类似于"烤鸡蛋""烧羊毛"的怪味，要不就是烤肉味，怎么会有独特的太阳味道呢？因此，复旦大学的教授就表示，"烤螨虫"这个说法没有科学依据。

那太阳的味道从哪里来？这个问题的答案还挺复杂，归根结底，还是大家并不太清楚到底是为什么，所以提出了各种可能的猜想。也许就是诸多因素的共同作用，才导致了这个味道的出现。

第一种猜测，人们认为它虽然不是"烤螨虫"的味道，但可能是"烤微生物"的味道，总还是"烧烤派"。它们不是被过热的温度给"烫"死的，而是因为太阳中的紫外线可以杀死细菌，所以有大量的细菌、病毒等被阳光杀灭。这也是我们勤晒被子的原因之一，就是为了防止细菌、病毒的滋生，现在大家看到好处了吧！

别看细菌和病毒肉眼不可见，在紫外线照射下死掉后，还是会散发气味。而除此之外，还有另一些可能。

第二种猜测，人们认为它来自被子中残存的臭氧，这就是"臭氧派"。太阳能给我们的被子带来很多改变，还是那个"细菌杀手"紫外线，它可以激发氧气产生臭氧。大家都清楚，臭氧的味道绝对脱不了"臭"这个字，它有比较明显的刺激性气味，这完全跟被子的味道不一样啊！别着急，这是因为晒在户外的被子残存的臭氧非常少。大部分的臭氧都会随着空气的流动被吹散，还有的则吸收紫外线，重新光解为氧气回归大部队了。所以最后剩下的一点臭氧，味道就非常淡了。

"臭氧派"的说法有理有据，得到了很多人的支持，显然比较占上风。不过，我们并不清楚"太阳的味道"是不是全来自臭氧，所以这个问题的答案还有很多可能。

比如自然科学的研究者就表示，太阳的气味还可能是大自然的味道呢，这就是"自然派"。自然派的理论很简单，我们身边的空气是有味道的，周围的植物、花香等，综合在一起被被子吸收，最后就会成为"太阳的味道"。这一点好像也没什么问题，记得我住在海边的那段时间，晒完的被子上总有一种淡淡的咸鱼味，嗯，绝对是海的味道。

所以，说不定我们各自心中太阳的味道还各有不同呢！

总的来讲，似乎还没有一个好奇宝宝学者去真正地研究、了解"太阳的味道"到底是什么，我们只知道它绝对不是"螨虫烧烤"的味就是了。各位如果有好奇心的话，完全可以开这方面研究的先河，说不定下一次你的名字就被刊登在论文期刊上了呢！

为什么化妆品专柜总是在一楼？

商场里的化妆品专柜在哪里？

男：这我怎么知道？

女：当然是一楼啦！

Question 8　那些困扰人们生活的古怪问题

对女孩们来说，这是一道送分题！

对男孩们来说，这是一道……送命题。

女人对于化妆品的热爱绝对是男人难以想象的，她们可以将最新款的口红攒齐两套，用一套收藏一套，不为什么，就是"小爱好而已嘛"！所以，每当走进商场大门，看到琳琅满目的化妆品柜台的时候，相信不少男性同胞都忍不住捂着自己的钱包，哀叹着给里面的钞票送行。

这时候，肯定没少有人在咬牙嘀咕："是哪个浑蛋非要把化妆品柜台放在一楼！"对啊，化妆品柜台为什么总是在商场的一楼呢，这其中有什么奥秘吗？

商场里能有什么奥秘？

不管他们有什么"潜规则"，目的都只有一个——

服务上帝？

醒醒吧，是为了赚走你口袋里的钱啊！

没错，商场中将化妆品柜台规划在一楼，归根结底就是为了让商场人流量更多，吸引和促进人们消费。

从大众心理角度看，化妆品、珠宝首饰等放在一楼，可以很好地提升商场在人们心中的档次。哪怕你明知道自己来逛商场就是为了买一件打折T恤，或者是为了去顶楼吃上一顿团购美食，看到一楼昂贵的化妆品、首饰的时候，还是会升起一种作为消费者、"上帝"的满足感——哪怕你今天压根儿没想买任何东西。有着精美外包装、璀璨光彩和诱惑味道的化妆品、香水等,可以满足女性对于"购物"的最大幻想,而一楼设置成这样,会更好地吸引人们的目光,也给顾客在进入商场的时候留下好印象。

另一方面,一楼设置成化妆品柜台,会显得更加井然有序。这就涉及商场人流的规划了,别以为商场的各种商铺都是随意安排的,只要花钱就可以租到自己想要的商铺?不,很多商场都有专业人士进行规划,通过几个位置的变动,保证让人们购物更愉快、更乐于"掏钱"。

而传统的商场规划都喜欢将化妆品柜台放在一楼,显然有其道理。一般来讲,来商场购买服饰的顾客是最多的,哪怕对化妆品是真爱的女性,投入在衣服上的目光也更多一些——反正她们的人生目标就是"买买买",多看两眼衣服完全不耽误她们热爱化妆品。这时,如果将服饰柜台设在一楼,很容易导致人满为患,从外面望进来……

啧啧啧,简直就像早晨的菜市场,一看就让人头疼。

所以,只有人流量较少的化妆品柜台最适合摆在一楼,营造一种安静、舒适的购物气氛。等你上了二楼、三楼的时候,就可能发现——自己被骗了!当然,要是去了商场中的餐厅,你将更直观地感受到这里到底藏着多少人。

除此之外,化妆品柜台设在一楼还有助于促进人们消费。不管是化妆品还是首饰,都不是生活中的必需品,我们可能会因为天气变化而想起添一件衣服,却很少因为心情不错就想给自己买一套化妆品,当然,美妆达人们除外。所以,如果将服装、餐饮等商铺设在一楼,人们倒是可以直奔自己的目标购物了,却很容易失去上楼逛逛的欲望。

这就把潜在的顾客都放跑了,长此以往,楼上的商铺岂不是要关门大吉?

所以，我们经常看到服饰等商铺在其他楼层，餐饮更是直接放到顶楼，保证你如果想就餐，就必须把整个商场都看上一遍。谁知道在这个过程中，你会不会看上什么东西呢？这样一来，你就花了一笔原本可以避免的钱，而商场则赚取了更大的利润。

而化妆品柜台放在一楼，不仅不会"放跑"顾客，还可以引起附加消费。只要是逛商场的人，都会从这附近路过，如果时间充裕，就很可能在一楼"顺便"逛逛，"顺便"看上心仪的物品，然后"顺便"完成掏钱的动作。

所以，这个世界上能跟商人比心计的人，估计还真没有几个。一个简单的柜台安排，他们都能尽其所能地榨干顾客的每一分钱，你还能直视那个在商场打折时像捡了便宜一样疯狂购物的自己吗？就在我们偷着乐的时候，商场老板们也在欢呼呢！

为什么衬衫上的扣子是"女左男右"？

俗话说得好，男左女右才是王道，
不过，有一样东西却恰恰相反，那就是衬衫上的扣子。
没注意过吧？还不快回去翻翻衣柜！

衬衫可以说是衣柜里最不可缺少的一件衣服了，人越长大，就越明白衬衫的重要性。不过，各位没有观察过男/女朋友衣服的粗心家伙，或者是压根儿没有异性朋友的单身狗们，一定很少有人知道，男女衬衫的扣子钉法完全不同。

女式衬衫的扣子都在左边，而男式衬衫的扣子就在右边。如果哪天你穿衬衫的时候突然发现扣子有点不对劲，不是你穿反了，就是你穿错了性别。

这个方法，可以帮助大家快速地识别衬衫的款式。不过，为什么衬衫的扣子偏偏是"女左男右"呢？要知道，就连全世界的厕所都是按照"男左女右"安排的，可见大家都觉得这样看起来更顺眼，怎么到了衬衫扣子这里就出问题了呢？

这跟纽扣的诞生和发展有着分不开的关系。纽扣刚出现时是13世纪，最开始，人们并没有把纽扣的实用价值放在眼里，而是更注重它作为装饰品的价值。他们觉得，有纽扣的衣服看起来非常美观、大方。

有趣的是，青睐这种"装饰品"的并不是一贯爱美的女性，而是看起来不拘小节的男性。可见，绅士们如果爱惜起自己的外貌，绝对不比女性更差。

要不中国古代怎么会有美男子爱化妆、爱戴花的风潮呢？男人爱美也是很可怕的。

后来，女性们也爱上了纽扣，就将它钉在了衣服上。

现在问题来了，女性衬衫上的纽扣该钉在哪一边呢？一开始，男人们将纽扣钉在了右边，按理说女性也应该钉在右边的。但是，男性和女性穿衣服的过程有很大的差别，男性们往往习惯"自己动手丰衣足食"，而女性则会有用人使唤。

没错，当时能讲究在衣服上钉纽扣的往往是贵族、绅士阶层，一般都雇佣女佣为女主人服务。所以，系纽扣的与其说是女性自己，倒不如说是对面的女佣。这种情况下，将纽扣钉在左边反而更加方便系，因为符合人们对系纽扣的认知。

因此，以贵妇人为首的女性阶层，就选择了将纽扣钉在衣服的左边，最终成为了一种约定俗成的习惯。

如果说女式衬衫纽扣钉法是根据男式衬衫演化来的，那男性一开始为什么选择把纽扣钉在右边呢？我们实际操作过就明白，将纽扣钉在左边反而更方便系，那些男人们难道不明白这一点？总不能因为当时的男性大多数都是左撇子，所以才选择在右边吧？

一种说法认为，中世纪的男性大多数都是"战斗狂人"，随时随地都能跟对面的绅士脱手套拔剑来一场决斗，所以右手往往是留着用来持剑。此时，空出来的只有左手，为了方便男人们帅气地用单手扣扣子，就把纽扣设计在了右边。

这种解释表明，纽扣这么设计就是为了提高"逼格"，总不能在决斗的时候为了解扣子，就把剑扔在一边吧？光是想想这个场景，就觉得"绅士"的气质全都没了。

而另一种说法则更重视实用性。人们认为，男人们因为总是用右手拿着剑，很容易感到寒冷、受冻，为了避免优雅的绅士们长一手冻疮，设计师们就把纽扣钉在了右边，这样纽扣之间的缝隙朝着右边开，可以随时把手伸进去取暖。

想象一下这个动作……这简直就是东北街头卖烤地瓜大爷的标准姿势啊！到底是"逼格论"真实还是"捂手论"更有用呢？两种完全不同的画风，就看你怎么选择了。

虽然我们已经难以考证两种说法到底谁更正确，但是这不妨碍现在到处都是"女右男左"的衬衫。这就是衬衫的魅力吧，哪怕上面一粒小小的扣子也有有趣的历史，哪怕这段历史已经模糊了，它也依旧能在我们的生活中发光发热。

石狮子嘴里的球是怎么"变"进去的?

你知道卢沟桥上有多少只石狮子吗?

这怎么清楚,让我先数数?

算了,换个问题吧!

你知道石狮子嘴里那个球是怎么"变"进去的吗?

你……你还是把前面那个问题再给我说说吧!

想知道卢沟桥上有多少只狮子,那还不容易?只要仔细数一数,要不上网查一查,很快就能查到。那么,换个有难度的问题吧。门前石狮子嘴里叼着的圆球是怎么"变"进去的,难不成真要把狮子嘴掰开研究一番吗?

你要是敢这么干,文物保护部门可能立刻就把你带走罚款了。所以,这个有点奇怪的问题肯定困扰了不少人,相信每一个仔细研究过石狮子的人,都曾有过类似的疑惑。

狮子嘴里的石球明明可以活动,却刚好卡在嘴里掉不出来;既然掉不出来,又是怎么被塞进去的呢?这就像个互相矛盾的命题,折磨着我们的逻辑。想弄明白,还是得从石狮子的制作工艺入手。

最原始也是最讲究技术的做法,就是直接在狮子嘴里"挖"出一个球来。既然狮子嘴里的石球不好放进去,那就干脆不要拿出来好了!工匠们会先在石料上画好狮子的嘴、牙齿甚至是舌头,然后小心地雕刻出外面的形状。此时,他们不会将狮口内部掏空,而是在上面画出圆球的大小。

然后关键时刻到了，工匠们会先用刻刀从狮口内部掏出一个椭圆形的球，然后一点点将球上下与狮子嘴连接的地方敲下来。直到球可以在狮口中"自由飞翔"的时候，第一关就过了。

之后就是打磨圆球的时候了。毕竟这个刚被敲下来的石球可能凹凸不平，还是个椭圆形的，想磨成大小合适的圆球可不容易，这得讲究技巧。

我们举个例子，和面的时候还会有"面多了加水，水多了加面"的时候呢，这种失误出现得多了，最后和出的面铁定要超标。而狮子口中的石球也是这样，如果不小心多削了一刀，是不是就得把它整体"变"小一圈呢？比和面更麻烦的是，面多了可能就是多吃几顿的问题，石球磨得太小，那可是会从狮子嘴里掉出来的！

就是因为这些要求太麻烦，当石料专用胶诞生的时候，人们就发现了"偷懒"的做法。其中一种做法就是，先把圆球单独做好，然后将狮子的牙给去掉，这样不就把圆球放进去了吗？之后，再把拔下来的牙用胶水粘上就行。

可怜的石狮子，就这样被强行换了一套"假牙"。不过，这对工匠来说绝对是方便了不少，而专业的石料胶水通过打磨，从外表上完全看不出问题。

另一种做法就对石狮子比较仁慈了，它保留了狮子的牙，然后将球打磨得小了一圈。没错，这样它也能顺利地放进去，然后工匠再在石球外面涂上一层专业胶，将球通过粘补的手法"变"大一圈，就掉不出来了。

总而言之，这就是一个"技术发展提高工作效率"的可喜进步，当然，也是"技术使人懒惰"的最佳例子。自从有了这些"偷懒"的办法，按照传统手工艺老老实实雕刻狮子的人就越来越少了，会不会在未来的某天，我们就完全失去了这个技艺呢？

那时候，当我们看到传统工艺雕刻的狮子时，肯定会觉得十分惊异、百思不得其解，只好赞叹一句"神奇的智慧"吧！事实上，这样的场景已经出现在太多失传的古老工艺上了。为了保护这些传统的工艺，我们似乎需要尽更大的努力。

正在吸血的蚊子，只能留它一命？

看到蚊子怎么办？打死没商量！
什么，正在吸血的蚊子？千万别动，让它吃顿安心饭吧！
瞧这可怜的，不知道饿了几天呢！
为啥不打？打了你可能会死啊！

没错，根据《新英格兰医学杂志》的一则报道，对待正在吸血的蚊子，我们不仅不能伸出无情的大手"轻轻"地抚摸它，还要祈祷这家伙快点用餐完毕健康地飞走。

这并不是出于对蚊子的同情，而是为了我们的生命安全着想。因为杂志报道，有人因为打死了正在吸血的蚊子，最终导致失去了生命。

这个倒霉的受害者来自美国宾夕法尼亚州，作为一个普通的57岁家庭妇女，她只是在某一刻刚巧拍死了正在身上吸血的蚊子，就把自己送进了医院。医生表示，她的肌肉遭受到名为"小孢子虫属真菌"这种听起来就非常"小众"的真菌感染，最终遗憾地去世了。

研究人员表示，这种真菌带有"虫属"二字，十分清楚地点名了它是一种昆虫携带的菌类，所以十分有可能是打死的蚊子尸体感染了皮肤，导致的死亡。

为什么蚊子尸体会感染皮肤呢？专家认为问题就出在它"正在吸血"这个动作上。吸血的蚊子如果被打死，口器就很容易残留在皮肤里，这样皮肤上就会留下肉眼难辨的小伤口难以愈合。虽然这个伤口还没毛孔粗，被细菌侵染的概率小之又小，但是恰好"中大奖"的人也不是没有，那位可怜的无辜女人不就是因此倒霉的吗？

所以，这篇文章的研究者、纽约医生科伊尔表示，对待正在吸血的蚊子，一定得温柔一点，能不打死就留它一命吧！

网友表示："你这是在逗我？"

"不打死它就要被痒死，我宁愿选择前者！"

"作为一个'蚊子猎手'，我都不知道自己这么勇敢啊！"

……

总之一句话，要是这样都能死，我们早死了好几百次了。

果然，就有专家对这个案例表示了异议。他们认为，拍死正在吸血的蚊子导致死亡完全是极少数的个例，可以说这位女士碰上这事基本是"倒了八辈子大霉"的节奏。就像有些人还会因为吃饭被噎死、因为喝水被呛晕呢，难道我们就全民绝食了？

所以，拍蚊子是一项安全的、可以随时随地进行的活动，哪怕它们正在忙着"就餐"。如果你实在担心这样会造成危害，那就掌握好拍蚊子的技术，先把它们赶跑，然后直接在空中"杀灭"它们就好。

按照灭蚊专家的建议，蚊子在空中很少横冲直撞，而是按照s形曲折前进。这时候，只要迎着蚊子飞来的方向来一记"迎头痛击"，一般它们都来不及逃脱我们的魔掌，这样就不用担心任何安全问题了。

而且，就算拍死正在吸血的蚊子，也没有传染疾病的风险。这么说吧，如果蚊子身上没有病毒，爱怎么拍怎么拍，完全没问题，最多就是肿一个包、有点痒痒而已。

如果蚊子身上本来就带着病毒呢？那也别客气，因为你就算不拍死它、饶这家伙一命，它也早就将病毒感染给你了。因为蚊子传播病毒的过程，恰好就发生在叮咬的时候，它们会通过口器将带有病毒的唾液传播给我们。

所以，不管从什么方面看，早早把蚊子拍死都是划算的。如果下手早，赶上蚊子还没来得及"吐唾沫"输送病毒，还有防止病毒感染的功效呢！

最后，那些担心蚊子吸血时被打死、口器留在皮肤里拔不出来的同志们，只能说你们的脑洞太大、胆子太小了。蚊子的口器可不是一把钢刀，插到身体里还需要做手术取出，它非常细小，基本上停留不了几秒钟，就会被皮肤从伤口处冲出的液体、血液等带走。所以，完全不用担心这个问题，就算蚊子的某些部位不小心留在了皮肤伤口里，皮肤也会用自己强大的修复手段将其清理干净。它被称作人体的一道防线，可不是闹着玩的。

因此，从日常生活的角度出发，看到正在吸血的蚊子就大胆地将其拍死就好，这不会对我们的健康造成什么危害的。

睡得越多，就死得越快吗？

> 睡眠时间长的人是不是更长寿？
> 这可不一定，
> 传说"人一生的睡眠时间是有限的，谁先睡完谁先走"，
> 这话不会是真的吧？

首先，这样的传言当然是在开玩笑，肯定是哪个长期睡眠不足的家伙羡慕嫉妒恨的说法。其次，睡眠时间长还真不代表健康，有的时候，睡得越久就可能死得越早。

这个神奇的说法肯定让不少人无所适从。在过去，人们不断强调"睡眠时间少对健康不好"，长期熬夜、缺觉，人们会明显感觉自己在迅速地衰老，不健康的表现非常明显。可是现在，又有研究人员说了，"如果每天睡觉时间超过7小时，反而会比较容易死亡"。这两种说法，到底该听谁的呢？

这让人不禁感慨，养生专家真是一群不靠谱的人，总是提出一些自相矛盾的观点。看来，最好的办法就是每天固定睡7个小时，不多不少刚刚好，不过我们能把自己的睡眠时间精确到这种地步吗？

这项研究是美国癌症协会领导的项目，此项目备受人们关注，不仅投入了大量的人力物力，还持续了长达6年的追踪期，可以说十分权威、有效。人们研究的目的就是分析生活习惯、环境因素对癌症发病率有什么影响，其中睡眠时间显然是相当重要的一项。

> 要是每天都不睡觉,
>
> 肯定还没等到癌症病发就"挂"了,
>
> 这不就代表不睡觉=癌症发病率为0吗?

当然,这样特殊的例子肯定不会考虑在内,人们分析的是普遍现象。这项研究总共调查了将近116万人的生活,其中实验者的年龄从30岁到102岁不等,可谓十分全面。经过6年的观测实践,调查人员会进行回访,统计他们到底有多少人死亡、健在者的健康状况如何。最终,研究人员发现了这个令人意外的结论——

死亡率最低的就是每天保持7小时睡眠的人,其次则是每天睡6小时的人。那些每天睡不足4小时的家伙,基本上完成了自己"作死"的目的,死亡率较高。然而奇怪的是,每天睡8小时的人,死亡率比最低的人群要高出将近12%!

如果你每天睡觉的时间比8小时还多,那也不必问了,显然死亡率是更高的。这个死亡率曲线呈现"凹"状分布,最好的选择就是每天睡7小时。

除此之外,人们还发现了一个意外的结果,那就是失眠竟然不会影响人的死亡率!根据研究结果,失眠的人并不会比其他人更容易出现健康问题,而失眠次数多或者少,也不影响他们的死亡率。健康的人会一直好好活着,哪怕周公每天都不愿意见他,会出现健康问题的家伙,就算天天吃安眠药强制睡觉,也一样会出问题。

事实上,要是有失眠症还吃大量安眠药,反而会导致死亡率上升。果然,和身体作对是没有好结果的,还不如顺着它的意愿来,反而没问题。

也就是说，你睡的时间越多越可能早死，失眠的话反而没事，要是你强制性逼自己睡觉，还容易出现"人工自杀"的风险呢！难道我们的身体现在不喜欢休息、睡觉，反而相信起"生命在于运动"了？

这个问题，就连研究人员也很难解释，他们也不知道为什么会出现以上结论。事实上，研究者显然都是十分狡猾的家伙，虽然数据显示出的结果是这样，但是到底"睡觉时间长"和"容易早死"这两件事有没有因果关系，他们表示——我也不清楚。总之，研究者甩锅甩得倒是很迅速，他们认为在研究透彻之前，不能轻易下结论。而失眠不会影响健康这个结果，也是基于大多数人失眠并不严重而得出的。所以，估计它只适用于轻度失眠者，要是你整夜整夜地睡不着觉，健康肯定会受影响的。

虽然这项研究中的因果关系还没搞清楚，但是我们可以从数据与结论上看出一些问题。比如，如果只是因为压力大、精神不好而偶尔失眠，你完全可以放下手中的安眠药，它才是真正的健康杀手。而另一方面，我们似乎并不需要那么多的睡眠，尝试在未来某段时间少睡一小时，也许真的会让你感觉不错呢！